GEOGRAFIA E FENOMENOLOGIA
O EXTRAVIO DA ASSIMILAÇÃO HUMANISTA DE MARTIN HEIDEGGER

Editora Appris Ltda.
1.ª Edição - Copyright© 2024 dos autores
Direitos de Edição Reservados à Editora Appris Ltda.

Nenhuma parte desta obra poderá ser utilizada indevidamente, sem estar de acordo com a Lei nº
9.610/98. Se incorreções forem encontradas, serão de exclusiva responsabilidade de seus organi-
zadores. Foi realizado o Depósito Legal na Fundação Biblioteca Nacional, de acordo com as Leis nos
10.994, de 14/12/2004, e 12.192, de 14/01/2010.

Catalogação na Fonte
Elaborado por: Josefina A. S. Guedes
Bibliotecária CRB 9/870

R375g 2024	Reis, Luis Carlos Tosta dos Geografia e fenomenologia: o extravio da assimilação humanista de Heidegger / Luis Carlos Tosta dos Reis, Josimar Monteiro Santos. – 1. ed. – Curitiba: Appris, 2024. 142 p. ; 23 cm. – (Ciências sociais). Inclui referências. ISBN 978-65-250-5928-0 1. Geografia humana. 2. Fenomenologia. 3. Heidegger, Martin, 1889-1976. I. Santos, Josimar Monteiro. II. Título. III. Série. CDD – 304.2

Livro de acordo com a normalização técnica da ABNT

Appris *editora*

Editora e Livraria Appris Ltda.
Av. Manoel Ribas, 2265 – Mercês
Curitiba/PR – CEP: 80810-002
Tel. (41) 3156 - 4731
www.editoraappris.com.br

Printed in Brazil
Impresso no Brasil

Luis Carlos Tosta dos Reis
Josimar Monteiro Santos

GEOGRAFIA E FENOMENOLOGIA
O EXTRAVIO DA ASSIMILAÇÃO HUMANISTA DE MARTIN HEIDEGGER

FICHA TÉCNICA

EDITORIAL	Augusto V. de A. Coelho
	Sara C. de Andrade Coelho
COMITÊ EDITORIAL	Marli Caetano
	Andréa Barbosa Gouveia - UFPR
	Edmeire C. Pereira - UFPR
	Iraneide da Silva - UFC
	Jacques de Lima Ferreira - UP
SUPERVISOR DA PRODUÇÃO	Renata Cristina Lopes Miccelli
PRODUÇÃO EDITORIAL	William Rodrigues
REVISÃO	José Bernardo
DIAGRAMAÇÃO	Renata Cristina Lopes Miccelli
CAPA	Carlos Pereira
REVISÃO DE PROVA	Jibril Keddeh

COMITÊ CIENTÍFICO DA COLEÇÃO CIÊNCIAS SOCIAIS

DIREÇÃO CIENTÍFICA Fabiano Santos (UERJ-IESP)

CONSULTORES

Alícia Ferreira Gonçalves (UFPB)

Artur Perrusi (UFPB)

Carlos Xavier de Azevedo Netto (UFPB)

Charles Pessanha (UFRJ)

Flávio Munhoz Sofiati (UFG)

Elisandro Pires Frigo (UFPR-Palotina)

Gabriel Augusto Miranda Setti (UnB)

Helcimara de Souza Telles (UFMG)

Iraneide Soares da Silva (UFC-UFPI)

João Feres Junior (Uerj)

Jordão Horta Nunes (UFG)

José Henrique Artigas de Godoy (UFPB)

Josilene Pinheiro Mariz (UFCG)

Leticia Andrade (UEMS)

Luiz Gonzaga Teixeira (USP)

Marcelo Almeida Peloggio (UFC)

Maurício Novaes Souza (IF Sudeste-MG)

Michelle Sato Frigo (UFPR-Palotina)

Revalino Freitas (UFG)

Simone Wolff (UEL)

A crítica pode até ser destrutiva, desde que tenha algo a propor, explícita ou implicitamente, sem o que não contribui para o avanço do conhecimento

Milton Santos, 1988

Por enquanto, desejo apenas deixar claro de que maneira a fenomenologia também não se equipara necessariamente com o humanismo. No final, espero tornar esta afirmação mais radical e, através de Heidegger, mostrar: [...] a fenomenologia nunca pode ser um "humanismo"

John Pickles, 1985

SUMÁRIO

INTRODUÇÃO 9

1
EXPOSIÇÃO DOS ELEMENTOS BÁSICOS DA PROBLEMÁTICA 13
1.1. A incompatibilidade entre o Humanismo e o pensamento de Heidegger 13
1.2. "Fenomenologia geográfica" ou "Geografia fenomenológica"?
Uma distinção fundamental estabelecida por Pickles (1985) 19
1.3. Fenomenologia: breve nota sobre o significado do rótulo 27
1.4. Elementos irredutíveis da fenomenologia-hermenêutica de Heidegger 29

2
GEOGRAFIA HUMANISTA-FENOMENOLÓGICA: EXCURSO SOBRE A SUA HISTÓRIA E INFLUÊNCIA NA PESQUISA BRASILEIRA EM GEOGRAFIA 35
2.1. Ponderações iniciais 35
2.2. Gênese do horizonte humanista da Geografia: Uma apreciação sintética 36
2.3 A Gênese do horizonte humanista na pesquisa brasileira em Geografia 43

3
A REPRODUÇÃO DA LEITURA HUMANISTA DE HEIDEGGER · COMO REINCIDÊNCIA NA "FENOMENOLOGIA GEOGRÁFICA" 51
3.1. Observações prévias 51
3.2. O caráter anacrônico da interpretação humanista de Heidegger
na Geografia 58
3.3 A necessidade de encaminhar uma reabilitação do problema
da fundamentação ontológica na Geografia a partir
da fenomenologia-hermenêutica de Heidegger 72

4
A VIA DE MARTIN HEIDEGGER
NA FILOSOFIA FENOMENOLÓGICA 77

4.1. O projeto filosófico de Edmund Husserl em meio ao problema da teoria
do conhecimento no final do século XIX... 77

4.2. A peculiaridade da fenomenologia em Martin Heidegger 84

    4.2.1. A assimilação do elemento hermenêutico
à filosofia fenomenológica... 84

    4.2.2. A fenomenologia-hermenêutica de Heidegger............................. 90

    4.2.3. A Fenomenologia-hermenêutica como via para a
Ontologia Fundamental (o projeto de Ser e Tempo) 94

5
SUBSÍDIOS PARA UMA INVESTIGAÇÃO DAS BASES
ONTOLÓGICO-EXISTENCIAIS DA GEOGRAFIA. 99

5.1. O nexo entre a elaboração da questão sobre o sentido de ser
(Ontologia fundamental) e a(s) ciência(s): o primado ôntico-ontológico
do *ser-aí* *100*

5.2. O vínculo intrínseco entre a fenomenologia-hermenêutica
e a investigação das bases ontológico-existenciais da ciência:
a *analítica do ser-aí* *105*

5.3. *Ser-aí* como *ser-no-mundo*: o significado do existencial *"ser-em"*
para a investigação ontológica na Geografia 110

CONSIDERAÇÕES FINAIS 129

REFERÊNCIAS 133

INTRODUÇÃO

O presente livro aborda a relação entre a Geografia humanista (ou horizonte humanista) e a fenomenologia, problematizando, mais especificamente, o perfil da assimilação do pensamento de Martin Heidegger promovido pela vertente do humanismo-fenomenológico na Geografia. Trata-se, nesse sentido, de problematizar a interpretação humanista de Heidegger como uma via de assimilação e difusão de seu pensamento na Geografia.

A relação entre a Geografia humanista e a fenomenologia – particularmente o pensamento de Heidegger – constitui um assunto que possui uma proveniência que já pode ser considera extensa na história do pensamento geográfico. Destaca-se, contudo, o relevo que o assunto assumiu no contexto da renovação que a Geografia conheceu de modo mais substantivo durante a década de 1970, sendo a filiação à fenomenologia no bojo da Geografia humanista um componente, dentre outros, que integraram a referida renovação.

Frente à amplitude – e suposta complexidade – do tema, é de fundamental importância delimitar o escopo que o presente livro tem em vista, trazendo à tona os termos constitutivos da perspectiva estrita de problematização que se pretende desenvolver no presente trabalho.

Nesse sentido, o cerne da problemática que motiva a realização do livro pode ser expressa nos seguintes termos: o modo com o qual se efetivou a assimilação da fenomenologia quando da constituição da Geografia humanista na década de 1970, estabeleceu, na ciência geográfica, um perfil de interlocução com o pensamento de Heidegger que limitou o alcance que seu pensamento poderia assumir para a referida ciência, pois se desarticulou do elemento decisivo que, sugere-se, constituiria o propósito primordial da interlocução entre uma ciência particular e o pensamento do filósofo: a reabilitação da investigação das bases ontológico-existenciais da respectiva ciência.

O tratamento dispensado ao assunto, nos termos enunciados, delineia, assim, a perspectiva de problematização do livro: a investigação acerca da fundamentação ontológica constitui o propósito precípuo sobre o qual uma ciência particular deve se concentrar na interlocução com Heidegger, na medida em que é somente a partir dessa investigação que o elemento fundamental do pensamento do filósofo pode ser divisado e desenvolvido de modo consistente no âmbito de uma ciência específica – no caso, a

Geografia. Porém, como será demonstrado, desenvolver uma investigação das bases ontológico-existenciais em uma ciência particular por meio da fenomenologia-hermenêutica de Heidegger implica, por sua vez, reconhecer a necessidade de o geógrafo assumir, igualmente, a tarefa da *analítica do ser-aí* enquanto condição de possibilidade à reabilitação do problema da fundamentação ontológica na Geografia[1].

Duas observações preliminares sobre a problemática precisam, desde já, ser trazidas à tona. Em primeiro lugar, cabe salientar que a exposição condensada da problemática do livro, nos parágrafos anteriores, precipita de maneira intrincada uma série de formulações (tais como *fundamentação ontológica; bases ontológico-existenciais da ciência; analítica do ser-aí*) que, somente a partir do desenvolvimento do texto, poderão ser efetivamente qualificadas em relação ao significado que lhes é imputado. Em segundo lugar, como será evidenciado no que segue, a problemática que se propõe desenvolver não é, absolutamente, convergente à abordagem que a Geografia humanista caracteristicamente dispensou ao pensamento de Heidegger. Ao contrário, a própria gênese da elaboração da problemática assenta-se numa perspectiva agudamente crítica sobre a "leitura humanista" que se dispensou – e ainda se dispensa, de forma recorrente – ao pensamento de Heidegger na Geografia. Contudo, a despeito de ser radicalmente divergente da leitura humanista do filósofo na ciência geográfica a perspectiva de problematização do assunto assumida no trabalho é, deve-se ressaltar, amparada por contribuições que procuram desenvolver um diálogo renovado com Heidegger na Geografia, como atestam os trabalhos de John Pickles, Stuart Elden, Mikko Joronen e Aldo Dantas, dentre outros.

O objetivo do livro consiste, assim, em demonstrar a pertinência da problemática e da perspectiva que lhe dá sustentação. Para tanto, a obra se desdobra numa dupla tarefa, que corresponde aos seguintes objetivos específicos: demonstrar, preliminarmente, o equívoco da requisição de Heidegger para a fundamentação fenomenológica da Geografia humanista; e apontar os termos do resgate da investigação ontológica dessa ciência como uma alternativa que permite restabelecer um diálogo fecundo com o filósofo, o que supõe, ratifique-se, que o geógrafo assuma a *analítica do ser-aí* como uma tarefa legítima e imprescindível à investigação ontológica da Geografia e, por isso, lhe dispense um tratamento relativamente autônomo – frente às

---

[1] Registre-se que a perspectiva que orienta a problemática aqui esposada é derivada de um processo de pesquisa que precedeu a publicação do presente livro, como atestam uma série de trabalhos já publicados (Santos; Reis, 2018; Santos; Reis, 2019; Reis; Santos; 2019; Reis; Santos; Silva, 2021).

demandas características da pesquisa aplicada e da epistemologia na ciência geográfica.

Para tanto, o livro foi sistematizado em cinco capítulos, dos quais o capítulo 1 fornece uma qualificação preliminar dos elementos e noções centrais da problemática do livro, concentrando-se, sobretudo, em enfatizar a incompatibilidade entre o pensamento do filósofo e o humanismo. Nesse capítulo, será conduzida uma apresentação do significado imputado a noções tais como "Geografia humanista/horizonte humanista"; "fenomenologia"; "fenomenologia geográfica" etc. Será destacado, igualmente, o significado das formulações *"fenomenologia geográfica"* e *"Geografia fenomenológica"*, tal como foram cunhadas por Pickles (1985) em sua obra *Phenomenology, Science and Geography: spatiality and the human sciences*, porquanto tais formulações exerceram um papel absolutamente decisivo para todo o presente trabalho.

O capítulo 2 é dedicado a uma breve exposição da gênese e institucionalização da Geografia humanista e, na sequência, orienta-se no mesmo sentido, tendo como foco a constituição, institucionalização e desenvolvimento da Geografia humanista no Brasil.

O capítulo 3 é reservado ao cerne da crítica desenvolvida no livro, na medida em que aponta as principais razões e, sobretudo, as consequências da assimilação humanista do pensamento de Heidegger na Geografia humanista – tendo como foco a problematização dessa situação em relação à Geografia humanista brasileira. Como "saldo" das reflexões que encerram esse capítulo, estima-se, sobretudo, reforçar a necessidade premente de reorientar o diálogo entre a ciência geográfica e o filósofo, tendo em vista legitimar a reabilitação do problema da fundamentação ontológica dessa ciência.

Demonstrando a pertinência dos resultados obtidos até o capítulo 3, os capítulos 4 e 5 buscam fomentar um diálogo renovado entre a ciência geográfica e o pensamento de Heidegger. Para tanto, o capítulo 4 contextualiza a marca insigne que Heidegger imprimiu na filosofia fenomenológica, relacionando-o, portanto, com um panorama sintético acerca da fenomenologia em geral. Para isso, o capítulo retoma de maneira introdutória aspectos centrais do programa fenomenológico husserliano. Em seguida, busca reconstruir de maneira concisa o modo pelo qual a tradição fenomenológica, em convergência com a tradição hermenêutica, se articulou no projeto filosófico de Heidegger que pode ser formalmente "rotulado" como encerrando uma *"fenomenologia hermenêutica"*. Por fim, o capítulo pretende apontar que a *fenomenologia hermenêutica* designa nominalmente, no pensamento heideggeriano, o próprio projeto de reabilitação da questão sobre o *sentido do ser* por meio de sua *Ontologia fundamental*.

O capítulo 5 é dedicado à exposição sintética da *analítica do ser-aí* como condição para a reabilitação do problema da fundamentação ontológica da ciência geográfica a partir da fenomenologia-hermenêutica de Heidegger, limitando-se, para tanto, aos elementos entrevistos como indispensáveis e, mesmo, irredutíveis para uma apreensão básica do significado da referida *analítica*. Essa exposição será desenvolvida considerando, por um lado, tanto o contexto original para o qual foi cunhada em *Ser e Tempo*, quanto, igualmente, o significado que possui tendo em vista a investigação das bases ontológico-existenciais de uma ciência particular. Por fim, nas considerações finais são apresentados os principais resultados do percurso investigativo.

Antes, contudo, de dar início ao capítulo seguinte, observou-se necessário registrar desde já uma advertência prévia. O livro não pretende estabelecer, mediante a perspectiva enunciada, um novo estatuto de resolução ou fundamento ontológico para a ciência geográfica com o propósito de fornecer a base para novos recursos teóricos-metodológicos. Ao contrário, o livro busca contribuir para ampliar o escopo do debate sobre a fundamentação ontológica que, a propósito, já se encontra em curso na Geografia, lançando mão, para tanto, do estímulo que a via "heideggeriana" de investigação permite conduzir. Essa via, como será visto, é marcada por uma atitude que se poderia reconhecer como sendo, antes, "regressiva", porquanto busca invariavelmente sondar as origens das questões que dizem respeito ao problema da fundamentação ontológica, reestabelecendo o nexo entre a questão sobre o *sentido do ser* em geral e as bases ontológico-existenciais de uma ciência, ao invés de pretender estabelecer mais um – dentre outros – fundamento alternativo àqueles que já servem de parâmetro para as diversas orientações teórico-metodológicas da disciplina. Como será visto, o que se pretende é, de forma sintética, a abertura de um âmbito efetivamente fenomenológico, tal como Heidegger apreende a fenomenologia enquanto método, para a investigação ontológica na Geografia.

1

EXPOSIÇÃO DOS ELEMENTOS BÁSICOS DA PROBLEMÁTICA

1.1. A incompatibilidade entre o Humanismo e o pensamento de Heidegger

A incompatibilidade entre o pensamento de Heidegger e toda e qualquer forma de humanismo encerra um elemento diretriz que o presente livro problematiza, criticamente, sobre a interpretação que foi dispensada ao filósofo no bojo do horizonte humanista na Geografia. O presente item é dedicado à exposição prévia dessa crítica. Trata-se, assim, de trazer à tona, de maneira direta e sintética, a incompatibilidade patente entre o pensamento do filósofo e o humanismo[2].

Para tanto, recorremos à perspectiva sobre o assunto manifestada pelo próprio filósofo em seu livro *Carta sobre o humanismo*, publicado em 1947, no qual essa incompatibilidade é por ele apresentada de maneira ineludível. Então, em meados da década de 1940, o referido livro tinha a clara intenção de sanar e retificar os equívocos que envolviam o entendimento sobre o modo com o qual o filósofo considerou, em sentido amplo, a existência humana em seu principal livro, *Ser e Tempo*, publicado em 1927. Assim, tendo como base o sentido radicalmente crítico que Heidegger imputa à "Metafísica", reiteradamente exposto em toda sua obra como expressão do processo histórico-civilizatório do pensamento ocidental que se efetivou a partir do "esquecimento do sentido do ser", o filósofo se manifestou acerca do humanismo nos seguintes termos:

> **Todo humanismo ou se funda numa metafísica ou se converte a si mesmo em fundamento de uma metafísica.** Toda determinação da Essência do homem, que já

---

[2] Foi considerado como sendo mais adequado, nesse momento do trabalho, expor de modo estrategicamente sintético a referida incompatibilidade, na medida em que será importante reservar a exposição mais aprofundada para o desenvolvimento subsequente do livro, que será realizada no capítulo 3, acerca da reprodução, em publicações recentes, da leitura humanista do filósofo na Geografia.

> pressupõe, em si mesma, uma interpretação do ente sem investigar – quer o saiba ou não – a questão sobre a Verdade do Ser, é metafísica. Por isso, a característica própria de toda a metafísica – e precisamente no tocante ao modo em que determina a Essência do homem – é ser "humanista". Em consequência, todo humanismo permanecerá sempre metafísico. Ao determinar a humanidade do homem, *o humanismo não só não questiona a re-ferência do Ser à Essência do homem. Ele até impede tal questionamento* **uma vez que, devido à sua proveniência da metafísica, nem o conhece nem o entende.** (Heidegger, 2009 [1947] p. 37, grifo nosso).

E, mais adiante, a atitude do filósofo frente à possibilidade de submeter o seu pensamento a uma leitura humanista é trazido à tona de modo cabal, nos seguintes termos:

> [...].. **Nesse sentido o pensamento de *Ser e Tempo* é contra** o humanismo. Essa oposição, todavia, não significa que um tal pensamento bandeie para o lado oposto do humano e preconize o inumano, defenda a desumanidade e degrade a dignidade do homem. Ao contrário. Pensa-se *contra o* **humanismo porque o humanismo não coloca bastante alto a *humanitas* [humanidade] do homem** (Heidegger, 2009 [1947], p. 50, grifo nosso).

Não haveria, portanto, em consonância com o que o próprio filósofo destaca, como sustentar a pertinência de se recorrer ao pensamento de Heidegger para amparar a constituição de uma "acepção" humanista da ciência e, por extensão, de requisitar uma filiação ao seu pensamento como matriz de uma "corrente humanista" na Geografia. Isso somente poderia ser conduzido por meio de uma patente deturpação do modo com o qual o filósofo se manifestou sobre o assunto.

Como pôde ser observado nessa citação, o humanismo é exposto pelo filósofo como tributário de um modo de pensar o homem que, por um lado, não somente ignora a questão acerca do sentido de *ser*, como impediria até mesmo a apreensão do próprio sentido da elaboração da questão. Como registramos em um outro trabalho (Reis; Santos, 2019) deve ser sublinhado que não se trata – de modo algum – de uma postura fortuita de Heidegger sobre o humanismo. Ao contrário, o que o filósofo registra acerca do humanismo na publicação citada (*Carta sobre o humanismo*) não configura uma assertiva que teria se verificado de forma ocasional, mas constitui um traço absolutamente irredutível de seu pensamento. Na medida mesma em que a elaboração concreta da questão sobre o sentido do ser constitui a diretiva de toda a obra de Heidegger (Bornheim, 2001, p. 177), a crítica dispensada pelo filósofo ao humanismo é constitutiva da integralidade de seu percurso de pensamento.

Seria necessário, tendo em vista a clareza com a qual Heidegger se exprimiu na citação, trazer à tona mais citações – seja da referida publicação ou de outros livros do filósofo – para ratificar a profunda divergência de seu pensamento com o "humanismo" nos termos com os quais o próprio filósofo se expressou? Entendemos que não, sobretudo nesse momento dedicado à apresentação preliminar dos elementos básicos do presente trabalho. Há, de fato, uma miríade de passagens nas quais o filósofo se exprime de forma tão clara quanto as passagens citadas anteriormente que permitiriam ratificar a incompatibilidade de seu pensamento com toda e qualquer forma de humanismo. São passagens que, não obstante a importância que possuam para evidenciar a referida incompatibilidade, consideramos mais adequado reservá-las para o momento em que, no desenvolvimento do livro, será necessário estabelecer uma contraposição mais frontal e analiticamente minuciosa com estudos do "coletivo humanista" que, ainda recentemente, recorrem ao filósofo como "matriz" filosófico-fenomenológica para supostamente "fundamentar" o horizonte humanista na Geografia, seja enquanto insumo para fomentar o debate epistemológico, quanto, em igual medida, para amparar estudos de casos empírico-aplicados a partir de uma leitura "humanista" de Heidegger.

Entendemos como sendo mais oportuno, neste momento, levantar alguns poucos questionamentos que, com base nas passagens do filósofo citadas, desde já poderiam ser feitos, pelo quanto incitam a própria motivação deste trabalho. Nesse sentido, já seria pertinente levantar a seguinte questão: de acordo com o que foi pontualmente indicado, com base na citação de uma publicação do próprio filósofo cujo título, a propósito, evoca expressamente o conceito de "humanismo", como foi possível manter, décadas a fio, a referência de seu pensamento como uma importante matriz filosófico-fenomenológica do horizonte humanista na Geografia?

Essa questão estaria associada a uma série de outras que apontam para o caráter problemático do fato de que Heidegger foi reiteradamente referido na historiografia da ciência geográfica (e isso em associação direta com outros ícones da fenomenologia, tais como Husserl, Merleau-Ponty,

Sartre etc.[3]), como matriz para fundamentar uma "corrente humanista" nessa ciência. Dentre essas questões, sem dúvida, as mais relevantes teriam a ver com o próprio conteúdo do pensamento do filósofo – esses questionamentos, por sua vez, somente poderiam ser considerados de modo adequado a partir de uma exposição – ainda que sintética – dos elementos fundamentais do pensamento de Heidegger, para os quais foram reservadas partes do capítulo 4 e, sobretudo, a integralidade do capítulo 5.

Além disso, contudo, caberia desde já chamar a atenção para um aspecto que salta aos olhos quando se considera o problema trazido à tona. Trata-se de destacar o "déficit" de tempo que envolve o problema, notadamente quando se observa que a reprodução da leitura humanista do filósofo continua vigente em estudos publicados recentemente e filiados ao horizonte humanista na Geografia. Tratar-se-ia de um "déficit" de tempo que abarcaria mais de 70 anos, considerando a publicação de *Carta sobre o humanismo* em 1947. E, não sendo isso um lapso que por si só deveria gerar enorme perplexidade, caberia ressaltar que *Ser e Tempo* foi publicado em 1927 – ou seja, praticamente um século! Seria importante igualmente destacar que além de *Ser e Tempo* ser amplamente reconhecida como sua principal obra, no que concerne à discussão levantada aqui, é também a obra à qual o filósofo recorre na citação para ratificar a sua reação contundente em relação à possibilidade de se estabelecer uma associação entre o elemento próprio de seu pensamento e o humanismo – nos termos e sentido que o filósofo se expressou.

Seria, sem dúvida, possível objetar a pertinência do problema destacado no parágrafo anterior considerando o fato de que, efetivamente, somente a partir da constituição da Geografia humanista – na década de 1970 – a influência de Heidegger torna-se mais substantiva na disciplina e, portanto, o problema de uma leitura humanista de Heidegger não remeteria,

---

[3] Embora o presente texto se limite em considerar estritamente a fenomenologia a partir do pensamento de Heidegger, a despeito das diferenças fundamentais que existem em relação à fenomenologia de Husserl, no que concerne ao problema particular do humanismo, o conteúdo mesmo da fenomenologia husserliana seria convergente à posição de Heidegger, pois, como observou Marco Casanova: *"Já em Husserl, portanto, não há mais como falar de uma substancialidade humana e, por conseguinte, de um humanismo metafísico com bases fenomenológicas"* (CASANOVA, 2017; p. 30-31, grifo nosso). Por sua vez, a despeito da propriedade da apreciação de Marco Casanova importa registrar que o presente trabalho se restringe ao pensamento de Heidegger e, por isso, considerar em que medida projetos filosóficos levados a termo por expoentes da fenomenologia no século XX, tais como, dentre outros, Merleau-Ponty, Paul Ricoeur, Emmanuel Levinas ou Jean-Paul Sartre podem ou não coadunar com uma interpretação humanista extrapola o próprio escopo da problemática esposada no presente trabalho. Assim, mesmo o caso que se destaca como sendo o mais emblemático no sentido de conjuminar fenomenologia e humanismo, a saber, Jean-Paul Sartre, no célebre "O Existencialismo é um Humanismo" extrapola o âmbito de problematização da presente pesquisa e, sobretudo, não interfere no teor da problemática que conduz o presente trabalho.

necessariamente, aos anos de publicação dos livros do filósofo destacados no parágrafo precedente e, assim, o problema do "déficit" de tempo da interpretação humanista do filósofo na Geografia somente poderia ser levado em consideração a partir da década de 1970[4]. Mas, se tal objeção procedesse – em se considerando o problema sob o ângulo estrito da história do pensamento geográfico – caberia, contudo, levantar a seguinte pergunta: ainda assim, não teríamos ainda 5 décadas transcorridas de pesquisa em geografia nas quais a leitura "humanista" do filósofo poderia ter sido questionada?[5] Essa questão procede, pois, como será evidenciado no desenvolvimento deste livro, o problema trazido à tona, de se imputar uma interpretação humanista ao pensamento de Heidegger não se limitou ao contexto da "formação" do horizonte humanista em Geografia na década de 1970. Absolutamente: como será ratificado nos capítulos seguintes, a despeito de estudos que observaram e criticaram o problema aqui destacado desde meados da década de 1980 (Pickles, 1985; Relph, 1981, p. 157) a interpretação humanista de Heidegger permaneceu se reproduzindo de modo insuspeito nas décadas subsequentes.

Além disso, é de fundamental importância destacar que a interpretação humanista do pensamento de Heidegger alimenta, reiteradamente, uma gama significativa de publicações recentes na ciência geográfica. Isso se verifica a partir de publicações que, sob vinculação ao "coletivo humanista" registram, em graus de intensidade variados, a importância da fenomenologia e – o que de fato importa problematizar no presente trabalho –, por meio disso, do pensamento de Heidegger, para endossar uma Geografia humanista. A intensidade do registro varia em função do perfil dos trabalhos: envolve desde alusões discretas e pontuais, regularmente em sinal de reverência à importância do filósofo para os estudos humanistas e culturais na Geografia (Amorin Filho, 1999, Marandola Jr., 2021; Geraldes, 2011; Holzer, 2016; Marandola Jr., 2013), passando por estudos de caso em Geografia humanista cuja pesquisa é extensivamente tributária da assimilação de noções "heideggerianas" (Bernal Arias, 2015; De Paula, 2010; Do Carmo, 2016; Galvão Filho, 2019; Marandola Jr., 2003, 2014a); chegando até às publicações de perfil

---

[4] Registre-se a exceção do interesse que a obra de Heidegger teria suscitado em geógrafos que antecederam à renovação humanista na geografia – sendo o caso mais emblemático, sem dúvida, da obra *O Homem e a Terra: natureza da realidade geográfica*, do geógrafo francês Eric Dardel, convertido em "padrinho" ou precursor da abordagem humanista na Geografia, tanto quanto pelo caráter precursor da interlocução com Heidegger (Marandola Jr., 2011; Dal Gallo; Marandola Jr., 2015a).

[5] Acrescente-se, igualmente, um aspecto que não é menos relevante de ser questionado: a leitura humanista não poderia ter sido criticamente problematizada e suplantada por uma outra, consoante às diretrizes do próprio filósofo – suposto que seu pensamento possa ser em alguma medida fecundo para uma ciência?

"teórico-metodológico" que se concentram estritamente na interlocução direta com Heidegger, visando aprofundar o entendimento de seu pensamento como matriz fenomenológica da Geografia humanista (Marandola Jr., 2005a, 2005b, 2005c, 2012, 2016; Holzer, 1998, 2010a, 2010b; Dal Gallo, 2015; Dal Gallo; Marandola Jr., 2015a, 2015b). Isso – observe-se – passando sobejamente ao largo da patente oposição do filósofo ao humanismo.

Do exposto, trata-se de recolocar a questão, já enunciada, em função da pertinência que ela encerra para o tema: o que explicaria, no âmbito da ciência geográfica, a situação brevemente sinalizada nesse item, sobretudo o quadro descrito nesses últimos parágrafos?

Essa questão aponta para o cerne da problemática do presente livro. Uma alternativa para ampliar o entendimento do que está em jogo nessa questão – bem como dos demais questionamentos que foram levantados ao longo do presente item – remete à contribuição de John Pickles (1985) *Phenomenology, Science and Geography: spatiality and the human sciences,* notadamente para a distinção que esse geógrafo cunhou entre uma *"fenomenologia geográfica"* e *"geografia fenomenológica".* Como será observado, tanto a elaboração mesma da problemática da presente pesquisa quanto, sugere-se, o reconhecimento da legitimidade de levantar, atualmente, as questões arroladas são, em grande medida, tributários da influência que a contribuição desse geógrafo suscitou para a presente pesquisa. Cabe, portanto, apresentar o elemento do seu livro que, de modo mais decisivo, fomentou a problemática do presente trabalho.

Antes, contudo, de encaminhar a apresentação da contribuição de John Pickles, observou-se oportuno encerrar o presente item com um registro que permitisse destacar em que medida a atitude de Heidegger em relação ao humanismo não deveria, de modo precipitado, ser considerada como uma atitude refratária e depreciativa, por parte do filósofo, em relação às interpretações humanistas do homem, como se, dessa forma, o pensador estivesse sugerindo que as concepções humanistas do homem devessem ser rejeitadas de maneira tácita e obtusa. De forma alguma, pois o que é decisivo não é uma contenda sobre as concepções acerca do homem ou sobre o humanismo, mas, antes disso, o modo com o qual seria possível aceder ao elemento mais próprio do que está efetivamente em jogo no pensamento de Heidegger, a saber: a reabilitação da questão acerca do sentido de *ser* – e é propriamente essa reabilitação que não seria acessível, de acordo com o filósofo, ao modo de pensamento intrínseco ao humanismo. Dessa forma, a restrição do filósofo em relação às concepções humanistas do homem não envolve de modo algum uma apreciação depreciativa em relação às concepções humanistas sobre o homem legadas pela tradição. Assim, não é excessivo, uma vez mais, salientar que com a atitude assumida pelo filósofo,

> [...] não se declaram falsas nem se rejeitam as intepretações humanistas do homem, como *animal rationale,* como "pessoa", como ser dotado de alma, espírito e corpo" **Ao contrário, o único pensamento a se exprimir é que as determinações humanistas da Essência do homem, mesmo as mais elevadas, não chegam a fazer a experiência do que é propriamente a dignidade do homem.** (Heidegger, 2009 [1947] p. 50, grifo nosso).

Na medida em que a experiência do que *"é mais propriamente a dignidade do homem"* diria respeito, para Heidegger, à pertença inquebrantável do homem à questão pelo sentido de *ser*, questão essa que, segundo o filósofo, não seria acessível ao modo característico com o qual o homem é representado a partir das concepções humanistas – é nesse sentido, e somente nesse sentido, que deve ser assimilada à "contraposição" do filósofo ao humanismo.

1.2. "Fenomenologia geográfica" ou "Geografia fenomenológica"? Uma distinção fundamental estabelecida por Pickles (1985)

Conforme indicado anteriormente, o livro *Phenomenology, Science and Geography,* publicado por John Pickles em 1985, destaca-se como uma referência de fundamental importância sobre a relação entre a fenomenologia e a ciência geográfica. Trata-se, sem dúvida, de contribuição marcante que realiza, até meados da década de 1980, uma das mais abrangentes sínteses sobre o assunto na disciplina[6].

No referido livro, a produção bibliográfica então disponível sobre o tema é passada em revista minuciosa pelo autor, por meio de uma análise que se desenvolveu a partir de dois eixos fundamentais: por um lado, o eixo da tradição da filosofia fenomenológica fundada por Edmund Husserl (e seus principais desdobramentos, dentre os quais Heidegger ocupa um papel de destaque, embora não exclusivo, no conjunto de sua análise); e, por outro, o eixo da própria história da ciência geográfica, sendo nítido o papel de referência estratégica que Pickles deposita à obra de Richard Hartshorne,

---

[6] O referido livro abarca desde a contribuição precursora de Eric Dardel, passando pela depuração das publicações pioneiras do humanismo em geografia (Edward Relph, Yi-fu Tuan, J. Nicholas Entrikin, Anne Buttimer), até as obras de síntese publicadas até então (Ley; Samuels; 1978).

The Nature of Geography, como fonte de acesso sintético à tradição mais remota da ciência geográfica[7]. O projeto encampado pelo autor para tratar o assunto é, assim, de ampla envergadura, envolvendo por um lado o projeto da filosofia fenomenológica fundada por Husserl e, por outro, a história do pensamento geográfico.

Contudo, a despeito da amplitude da pesquisa desenvolvida por Pickles no que concerne à revisão sobre o assunto na historiografia da ciência geográfica, desde a introdução do livro torna-se evidente a centralidade que a Geografia humanista assume para o plano de sua pesquisa, na medida em que é nessa corrente que, sobretudo, se concentrou a problematização acerca da relação entre a fenomenologia e a Geografia.

Como indicado anteriormente, a presente obra é diretamente derivada de uma perspectiva de problematização estabelecida pelo geógrafo no referido livro, a saber: a distinção entre uma "fenomenologia geográfica" e uma "Geografia fenomenológica". Para além da aparência de um mero jogo de composição terminológica em torno das noções de "geografia" e "fenomenologia", as referidas formulações, tal como articuladas por Pickles, apontam para uma problemática que permanece fecunda para a investigação atual sobre o assunto.

No que segue será, num primeiro momento, apresentado de modo sintético o teor da distinção entre "fenomenologia geográfica" e "Geografia fenomenológica", para, a partir dessa distinção, desenvolver uma exposição mais analítica da contribuição do autor, com vistas a destacar os atributos que entendemos como mais relevantes para os propósitos do presente livro[8].

Para Pickles (1985) a "fenomenologia geográfica" diria respeito à "adaptação" da filosofia fenomenológica fundada por Husserl às estruturas de significação dos conceitos geográficos tradicionais, levada a termo nas contribuições pioneiras do horizonte humanista na década de 1970, notadamente pelos geógrafos expoentes desse horizonte, tais como Yi-fu Tuan, Edward Relph, J. Nicholas Entrikin, Anne Buttimer etc. Essa *adaptação* teria se convertido, por sua vez, na "única" referência que os pesquisadores subsequentes passaram a dispor acerca do significado da fenomenologia na disciplina (Pickles, 1985, p. 5). O autor constatou, então, a necessidade

---

[7] Notadamente na Parte 1 – "Geografia e Meta-física Tradicional" (Pickles, 1985, p. 15-40).

[8] Pode-se, mesmo, adiantar que o presente livro encerra, efetivamente, uma derivação direta (embora muito mais limitada em escopo) da perspectiva estabelecida pelo referido geógrafo em sua obra de meados da década de 1980 que, como será evidenciado, permanece profícua para considerar criticamente uma gama significativa de publicações recentes que articulam fenomenologia e Geografia humanista.

de questionar a "fenomenologia geográfica" dos pioneiros da Geografia humanista, contrastando-a com o significado original da fenomenologia fundada por Husserl.

O "resultado" dessa contraposição apontou para a necessidade e possibilidade de desenvolver uma "Geografia fenomenológica", que traduziria um projeto amplo de "retomada" da interlocução com os expoentes da filosofia fenomenológica, visando à depuração de uma base fenomenológica sólida para a ciência geográfica. A "Geografia fenomenológica" corresponderia, assim, à indicação da instauração de um projeto de pesquisa amplo, encetado por Pickles em seu livro, cuja perspectiva aponta para uma rearticulação entre a ciência geográfica e a fenomenologia, enquanto via alternativa e radicalmente diversa ao perfil da "fenomenologia geográfica" estabelecida pelos pioneiros da Geografia humanista.

Em função da importância absolutamente central que a distinção estabelecida por Pickles possui para toda a estruturação do presente livro, consideramos imprescindível desenvolver uma exposição mais analítica dos principais atributos que lhe são constitutivos.

A centralidade que a "fenomenologia geográfica" fomentada pelos pioneiros da Geografia humanista, no sentido indicado, possui para Pickles se manifesta pela forma com a qual o autor lhe dedica um lugar de destaque na própria estruturação de seu livro: a "fenomenologia geográfica" já é apresentada desde o item 4 do índice da *Introdução*, no qual a formulação é exposta entre aspas: *"Geographical phenomenology"*. Contudo, a primeira exposição da distinção entre a "fenomenologia geográfica" e uma "Geografia fenomenológica" já é feita desde o item anterior da *Introdução* (item 3 – "*O plano da obra*"), quando antecipa que o conteúdo que será desenvolvido na segunda parte do livro (*Parte II – "Geografia e Fenomenologia"*) salientando que a

> [...] *Fenomenologia geográfica* é distinguida da *fenomenologia* e da *Geografia fenomenológica* e as assertivas feitas em relação à "fenomenologia geográfica" são explicadas [...] (Pickles, 1985, p. 5, tradução nossa).

O significado da noção de "fenomenologia geográfica" é, contudo, efetivamente apresentado no item que lhe é integralmente reservado na introdução, quando, então, o questionamento acerca do perfil da interpretação da fenomenologia entre os pioneiros da Geografia humanista é trazido à tona, nos seguintes termos:

> No processo de sua adoção, interpretação e crítica no contexto da ciência geográfica a fenomenologia tem sido **radicalmente adaptada a partir da perspectiva dos conceitos geográficos tradicionais e suas estruturas de significado**. Ao mesmo tempo essa "fenomenologia", tal como apresentada nos escritos pioneiros de Relph, Tuan, Mercer e Powell, e Buttimer – tem frequentemente se tornado a única fenomenologia para a qual os autores subsequentes retomam. Como resultado, nós precisamos questionar se essa "fenomenologia" é uma interpretação sólida e viável dos princípios fenomenológicos, enquanto tais. Precisamos considerar o significado preciso e original da fenomenologia, e distingui-lo do que tem sido chamado "fenomenologia" ou do que chamarei de "fenomenologia geográfica". A primeira [isto é, a "fenomenologia"] diz respeito ao projeto de Edmund Husserl e seu desenvolvimento subsequente. A última [a fenomenologia geográfica] refere-se às interpretações e adaptações deste projeto à medida que entraram na literatura geográfica [...] (Pickles, 1985. p. 5, tradução nossa).

A "fenomenologia geográfica" corresponderia, assim, ao modo com o qual a fenomenologia teria sido assimilada pelos principais nomes expoentes da vertente humanista na Geografia (Edward Relph, Yi-fu Tuan, Mercer e Powell, Anne Buttimer). Há, assim, um acento notadamente crítico no modo com o qual Pickles (1985) apresenta e qualifica a "fenomenologia geográfica": trata-se de uma "interpretação" da fenomenologia algo peculiar que foi desenvolvida pelos geógrafos, isto é, uma "fenomenologia dos geógrafos" – não necessariamente uma fenomenologia propriamente "fenomenológica", isto é, tal como formulada originariamente por Husserl e desenvolvida por outros expoentes filiados ao projeto de uma filosofia fenomenológica.

A contraposição entre a "fenomenologia geográfica" e "Geografia fenomenológica", bem como a legitimidade de aspirar desenvolver essa última a partir do trabalho de depuração crítica da "fenomenologia geográfica", é apresentada por Pickles em seguida, por meio de uma analogia com a "Psicologia fenomenológica" desenvolvida por Husserl:

> A base [do livro] assim disposta, iremos proceder uma investigação da fenomenologia e sua relação com a ciência. Vamos sugerir modos nos quais uma **geografia fenomenológica** pode ser possível e se – e em que medida – ela pode ser como a **psicologia fenomenológica** de Husserl, ou se as relações entre fenomenologia e geografia precisam ser pensadas numa perspectiva diferente. Nesta fase a **geografia fenomeno-**

lógica terá ido muito além da *"fenomenologia geográfica"* e terá lidado com muitos dos principais problemas que se apresentaram em análises superficiais (Pickles, 1985, p. 6, tradução nossa).

A partir dessas diretrizes, o autor sublinha a importância de se desenvolver uma revisão das interpretações então vigentes sobre a fenomenologia na Geografia, destacando três principais razões:

a) Em sendo a fenomenologia e o existencialismo requisitados como aporte filosófico predominante na Geografia humanista, se os princípios de base da fenomenologia forem mal interpretados no bojo dessa corrente, então sérias questões emergem em relação ao "empreendimento" humanista, enquanto tal, na Geografia. Isso pois, como salienta o autor,

> [...] Se os trabalhos seminais da introdução da fenomenologia na disciplina [Geografia] distorcem sua natureza [da fenomenologia] e o discurso subsequente se desenvolve **nos termos** dessas proposições, então o próprio projeto [do "empreendimento" humanista], mesmo quando vai além da fenomenologia, precisa ser questionado [...] (Pickles, 1985, p. 6, tradução nossa).

b) Havendo efetivamente uma distorção do significado originário da fenomenologia na ciência geográfica, então, também a maneira usual (e relativamente fácil) com a qual os seus oponentes têm criticado à influência da fenomenologia na Geografia precisaria ser revista. Assim, por exemplo, as críticas que autores filiados à outras matrizes filosóficas (marxistas, positivistas, idealistas etc.) dirigem à fenomenologia na Geografia, incidiriam, de fato, não à *fenomenologia em si*, mas a uma determinada intepretação que a ciência geográfica teria fomentado da fenomenologia (isto é, tais críticas incidiram de fato sobre a "fenomenologia geográfica", passando ao largo do significado próprio da fenomenologia).

c) Por fim, o autor indica que se os argumentos contidos em (a) e (b) procedem, então diversos argumentos correntemente observados como problemáticos no interior da Geografia, notadamente aqueles que envolvem a fenomenologia e suas possibilidades para a ciência geográfica precisariam ser repensados.

A fim de concluir o presente item, caberia tentar sistematizar, de modo sintético, os atributos das noções de "fenomenologia geográfica" e "Geografia fenomenológica" que, de maneira mais profícua, incitam nossa perspectiva de problematização sobre a interpretação humanista de Heidegger (capítulo 3); bem como, em igual medida, ratificar a possibilidade de se encampar uma via à Geografia fenomenológica por meio do recurso estrito ao pensamento desse filósofo (capítulo 5).

No que concerne à "fenomenologia geográfica", o atributo que entendemos como sendo de fundamental importância destacar, porquanto estaria à base dos demais, refere-se ao fato de que ela encerraria uma "adaptação livre dos princípios da fenomenologia aos conceitos geográficos" – conforme citação de Pickles registrada anteriormente – gestada no bojo dos pioneiros da Geografia humanista. Em sendo, de fato, uma "adaptação livre" haveria muito o que ser criticamente questionado em relação ao modo mesmo como, assim, a fenomenologia foi assimilada na ciência geográfica, sobretudo quando a liberdade de adaptação pôde incorrer em deturpações de elementos básicos do modo com o qual a fenomenologia é considerada por Heidegger.

Um segundo atributo, diretamente derivado do destacado, diz respeito à "assimilação pragmática"[9] da fenomenologia, que teria sido almejada na ciência geográfica. De acordo com Pickles as requisições críticas dirigidas aos fenomenólogos – no sentido de legitimar o aporte filosófico na ciência por meio de pesquisas aplicadas – teria acometido e afetado sua assimilação na Geografia:

> Os apelos para que os fenomenólogos produzam pesquisas praticamente úteis, em vez de continuar a desenvolver argumentos teóricos concernentes à fenomenologia não se restringem aos seus críticos e opositores. Desde o início, a preocupação com os aspectos pragmáticos dos princípios fenomenológicos tem caracterizado as interpretações geográficas [...] (Pickles, 1985, p. 46, tradução nossa).

A prevalência de uma assimilação "pragmática" da fenomenologia promovida pelos geógrafos humanistas na década de 1970 teria, assim, se efetivado em detrimento de uma assimilação filosófica mais consistente, ou, em outros termos, de uma assimilação efetivamente fenomenológica da fenomenologia. Como consequência desse gesto, prevaleceu, então, entre os pioneiros da Geografia humanista, um entendimento da fenomenologia

---

[9] Esse "traço" referente à assimilação da fenomenologia entre os geógrafos humanistas pode ser aferido a partir da seguinte assertiva de uma geógrafa pioneira e expoente do horizonte humanista na geografia: "As questões ainda não respondidas sobre o relacionamento entre a fenomenologia e a geografia são muitas e complexas. Se elas podem levar-nos em direção a uma orientação humanística com base experiencial, no âmbito da disciplina, isso depende de muito mais investigação empírica [...]" (Buttimer, 1982, p. 189-190)

enquanto "motivação orientadora", de perfil generalista, ao invés de uma interpretação mais rigorosa da fenomenologia, passível de ser disponibilizada de modo consistente entre os geógrafos. Dessa forma, para Pickles, o caráter de método de investigação filosófica da fenomenologia teria sido preterido na Geografia, que, assim, acabou por acolher a fenomenologia,

> [...] mais como uma motivação orientadora do que como uma concepção metodológica rigorosa, e sua avaliação procedeu em termos de categorias pressupostas. Fundamentalmente, então, seu estatuto transcendental e ontológico foi negado desde o início [...] (Pickles, 1985, p. 47, tradução nossa).

No que concerne à "Geografia fenomenológica", seu traço mais fundamental consiste em constituir uma contraposição à "fenomenologia geográfica" e, junto a isso, permitir o desenvolvimento de uma alternativa radical e necessariamente distinta à "fenomenologia geográfica" típica da Geografia humanista, sobretudo quando se considera à possibilidade de se encampar o projeto de uma Geografia fenomenológica sob as diretrizes do pensamento de Heidegger.

Além dos traços destacados, caberia sublinhar que Pickles claramente compreendia a "Geografia fenomenológica" enquanto um *"projeto"* amplo que o próprio autor, então, aspirou colocar em perspectiva em seu livro. No bojo desse projeto, destacam-se três atributos identificados como sendo sobremodo relevantes. Um primeiro atributo constitutivo do projeto de uma "Geografia fenomenológica" envolve o reconhecimento tácito da necessidade de retomar a interlocução com os expoentes da fenomenologia (Husserl; Heidegger etc.), visando suplantar a "fenomenologia geográfica" característica dos pioneiros da Geografia humanista. O segundo atributo diz respeito ao reconhecimento, por parte de Pickles, de que o desenvolvimento do projeto de uma "Geografia fenomenológica" se articularia com a investigação da ontologia da espacialidade humana (Pickles, 1985, p. 170). Por fim, o terceiro atributo, de fundamental importância, corresponde ao fato de que o "humanismo" é expelido do projeto de uma "Geografia fenomenológica", na medida mesma em que o autor reconhece – e, não por acaso, por meio da influência insigne do diálogo com Heidegger – que "[...] *a fenomenologia não pode ser nunca um 'humanismo'* [...]" (Pickles, 1985, p. 50).

É de fundamental importância registar o fato de que o trabalho de Pickles (1985) atesta, desde meados da década de 1980, que o aprofundamento mesmo de uma base fenomenológica consistente na Geografia não seria compatível com o humanismo[10]. Dessa forma, o projeto de uma "Geografia fenomenológica", não poderia ser concebido enquanto uma Geografia humanista, sobretudo se tal projeto pretendesse ser amparado pelo pensamento de Heidegger, em função da incompatibilidade intrínseca que os termos "fenomenológico" e "humanista" encerrariam.

Antes de encaminhar o item seguinte, foi observado como sendo importante fazer alguns poucos registros à guisa de advertências, no sentido de ponderar determinados aspectos da contribuição de Pickles (1985) sobre a relação entre fenomenologia e Geografia.

A primeira observação diz respeito ao fato de que não obstante o livro de Pickles se destaque pelo caráter de síntese que imprimiu sobre o assunto em meados dos anos 1980, o autor foi amparado por contribuições que já apontavam, desde a década de 1970 – no mesmo sentido – para uma crítica referente à assimilação da fenomenologia na Geografia. A esse respeito caberia destacar a revisão desenvolvida pelo autor particularmente no item "21. Fenomenologia geográfica: sua crítica interna"[11], contido no capítulo 4, "Fenomenologia geográfica: uma crítica de seus fundamentos". Uma segunda observação refere-se à necessidade de ponderar o sentido da crítica desenvolvida por Pickles à Geografia humanista, pois, a despeito do caráter agudamente crítico e incisivo com o qual o geógrafo problematiza a interpretação da fenomenologia na Geografia humanista, sua crítica tem como foco um aspecto estrito da Geografia humanista, a saber: o perfil da assimilação da fenomenologia. Além disso, a contribuição do autor permite apreender a importância do horizonte humanista em vários aspectos, como o pioneirismo de seus autores no sentido de terem promovido a mais significativa aproximação entre a ciência geográfica e a fenomenologia. Nesse sentido, Pickles está ciente da relevância institucional e científica que a Geografia humanista e seus autores pioneiros desempenharam. Por conseguinte, cabe sublinhar que o autor não se posiciona "contra" a Geografia humanista em geral e, no limite, não deixa de reconhecer a importância da "fenomenologia geográfica" no contexto do movimento de renovação do pensamento geográfico na década de 1970, abrindo vias alternativas à

---

[10] A esse respeito é de especial interesse todo o conteúdo exposto no item "15a" do livro de Pickles (1985), sugestivamente intitulado "A distinção necessária entre humanismo e fenomenologia" (p. 48-50)

[11] No capítulo 4 da obra em questão, intitulado "Geographical phenomenology: a critique of its foundations", mais especificamente o item 21 "Geographical phenomenology: its internal critical", o geógrafo se apoia nas críticas de Gibson, Entrinkin e Billinge; bem como de Relph. Para uma exposição sintética sobre a rejeição de Relph (1981) em relação ao humanismo, em uma publicação que é, a propósito, fortemente influenciada pelo pensamento de Heidegger, cf. Zadorosny (2019, p. 51-53).

prevalência da influência neopositivista, então vigente na Geografia. Isso não significou, entretanto, que o geógrafo acolhesse, de forma acrítica, os desvios interpretativos cometidos pelos pioneiros do horizonte humanista no que concerne à assimilação da filosofia fenomenológica.

O presente livro requisita, igualmente, as ponderações destacadas tendo como referência a contribuição de Pickles, cabendo, entretanto, salientar que a perspectiva de problematização que se pretende desenvolver sobre o assunto no que segue é, além disso, significativamente mais restrita – no sentido de ser mais limitada: a problematização é dirigida não à assimilação da fenomenologia "em geral" na Geografia (como pôde fazer Pickles), mas, especificamente, à leitura dispensada ao pensamento de Heidegger[12].

1.3. Fenomenologia: breve nota sobre o significado do rótulo

Não se trata, aqui, absolutamente, de aspirar de forma precipitada uma definição "cabal" acerca da fenomenologia – acaso fosse essa tarefa propriamente possível ou coerente com o próprio sentido da investigação fenomenológica. Tampouco se tem em vista pretender uma caracterização sistemática da fenomenologia como "movimento filosófico". Ao invés disso aspiramos, neste item, de maneira ainda mais resoluta, a perspectiva de Gomes (2011), quando, ao propor uma exposição acerca da fenomenologia, antecipou-se em advertir que "[...] seria inimaginável discorrer sobre a questão da natureza da fenomenologia no quadro restrito deste trabalho[...]" (p. 116). Trata-se, aqui, tão somente, de cumprir uma tarefa entrevista como relevante, a despeito da concisão com a qual nos propomos desenvolvê-la, qual seja: apontar o sentido geral sobre o que se deve ter em vista, no presente livro, por "fenomenologia".

O caráter econômico que, de antemão, se dispensa à qualificação do significado da fenomenologia no presente momento do trabalho se justifica, por sua vez, em função de duas razões. A primeira razão é negativa e está diretamente relacionada à polissemia que se tornou profusa no âmbito das ciências humanas e que ocorre de maneira insidiosa mesmo quando se tem

---

[12] Nesses termos a pesquisa reconhece a contribuição de publicações dedicadas à relação entre a fenomenologia e a ciência geográfica que se desenvolveram a partir do diálogo com os fenomenólogos Edmund Husserl (Ferreira, 2016a, 2016b; Goto, 2013; Serpa, 2016) e Merleau-Ponty (Nogueira, 2008; 2010) mas, que, no entanto, não constituem nosso "assunto" precípuo de investigação, pois o propósito do livro é problematizar a via heideggeriana da vertente fenomenológica na Geografia; e não as diversas orientações internas à filosofia fenomenológica que influenciaram a ciência geográfica.

em vista "cânones" do pensamento filosófico moderno – de tal modo que não seria, a princípio, de se recriminar que possa haver indistinção entre, por exemplo, o significado da palavra fenomenologia mesmo quando se trata de considerá-la mediante acepções tão radicalmente distintas quanto as que lhe imputaram filósofos como Hegel, Husserl, Sartre etc., que acometeria a interpretação de leitores que não possuem proximidade com a tradição filosofia fenomenológica – no sentido que será esposado no presente trabalho. A outra razão é positiva: na medida em que o trabalho se concentrará sobre uma via muito estrita do significado da fenomenologia, a saber, aquela que Heidegger instaurou na tradição fenomenológica fundada por Edmund Husserl, o próprio desenvolvimento do trabalho, notadamente os capítulos 4 e 5, serão dedicados à tarefa – doravante indispensável – de aspirar fornecer uma exposição do sentido que Heidegger imputou à fenomenologia.

Assim, esta breve nota tem o propósito de registrar que no presente livro deve-se compreender – preliminarmente e em linhas gerais – a "fenomenologia" enquanto o projeto filosófico fundado por Edmund Husserl (1859-1938), que constituiu uma "tradição" ou "movimento" de fundamental importância para o pensamento filosófico no século XX, do qual se destacam expoentes da maior relevância para a filosofia contemporânea, tais como, dentre outros – apenas para nos restringirmos aos de maior evidência –, nomes como Martin Heidegger (1889-1976), Alfred Schütz (1899-1959), Max Scheller (1874-1928), Maurice Merleau-Ponty (1908-1961), Jean-Paul Sartre (1905-1980) e Paul Ricoeur (1913-2005). Não se trata, nesse momento da pesquisa, de ter em vista uma exposição sobre o que constituiria a "natureza" (ou os "princípios") característicos da fenomenologia, mas, tão somente, de delimitar – de maneira tão razoavelmente precisa quanto possível – o sentido geral com o qual se apreende a noção de fenomenologia, desde as considerações preliminares registradas no presente capítulo.

Note-se que esse esforço de qualificação sintética preliminar – que a princípio se poderia considerar muito elementar – é, não obstante esse caráter elementar, necessária, tendo em vista que o termo fenomenologia não se restringe, por um lado, no contexto do pensamento filosófico (em geral) à conotação do significado estrito que o projeto da fenomenologia fundado por Husserl lhe conferiu. Quando se considera, por exemplo, o contexto do pensamento filosófico "em geral" o caso mais emblemático da necessidade dessa distinção poderia ser observado em relação a uma obra fundamental da filosofia moderna, a *Fenomenologia do Espírito* de Hegel, cujo sentido imputado à noção de "fenomenologia" não possui, por óbvio, relação com a tradição fenomenológica husserliana[13]. Por outro lado, também no âmbito interno da ciência geográfica a distinção é necessária, destacando--se, talvez, enquanto referência mais emblemática a presença da noção de fenomenologia no clássico artigo de Carl Sauer *Morfologia Da Paisagem*, no qual o emprego da palavra fenomenologia não resguarda nenhum nexo com a tradição fenomenológica husserliana.

Assim, com base na exposição preliminar do significado da noção de "fenomenologia" e da qualificação que será desenvolvida sobre a Geografia humanista (no capítulo 2) será possível desenvolver (capítulo 3) uma análise sobre a relação entre a fenomenologia e a ciência geográfica em função do propósito da problemática enunciada na introdução: investigar o perfil da assimilação humanista da fenomenologia-hermenêutica de Heidegger na ciência geográfica sob os auspícios da Geografia humanista. Antes, contudo, considera-se importante concluir o presente capítulo com a exposição, igualmente preliminar, de elementos inerentes à fenomenologia hermenêutica de Heidegger que mais diretamente assumiram um papel estruturante no presente livro e, por sua vez, são passíveis de uma apresentação preliminar.

1.4. Elementos irredutíveis da fenomenologia-hermenêutica de Heidegger

Embora capítulos subsequentes do livro serão especificamente reservados à explicitação do pensamento de Heidegger, considerando sua contextualização no bojo da tradição fenomenológica (capítulo 4); bem como as condições de possibilidade a partir das quais o pensamento do filósofo poderia se articular com a "reabilitação" da investigação ontológica na Geografia (capítulo 5), observamos a necessidade de antecipar, desde já, determinados aspectos de seu pensamento.

Trata-se, nesse momento, de fornecer subsídios ao entendimento daqueles elementos do pensamento de Heidegger que estão diretamente associados à problemática do livro, exposta desde a introdução e que, entretanto, podem ser observados como destituídos de uma qualificação mais apropriada, em função dos limites que são característicos de uma apresentação concisa típica de uma introdução.

---

[13] Acerca das distintas conotações em torno do vocábulo "fenomenologia", sua história no pensamento filosófico ocidental, consulte-se Paul Ricouer (2009): *Na Escola da Fenomenologia*.

Conforme indicado, o livro problematiza a relação entre o pensamento de Heidegger com o humanismo na ciência geográfica, na medida em que a interpretação humanista do filósofo tenderia a obstruir o alcance que seu pensamento poderia assumir para investigar o problema da fundamentação ontológica na Geografia. Não somente isso, sugere-se que a reabilitação da investigação acerca da fundamentação ontológica constituiria o foco sobre o qual uma ciência específica, no caso a Geografia, deveria se restringir, a fim de que o elemento propriamente fenomenológico do pensamento desse filósofo possa ser assimilado de forma consistente e, assim, aberto ao desenvolvimento para um diálogo ulterior no interior de uma ciência. O primeiro passo no sentido de uma reabilitação da investigação ontológica – sob as diretrizes de Heidegger – se articularia, invariavelmente, com o acolhimento, no bojo da ciência geográfica da *analítica do ser-aí humano*[14]. "Acolher" a *analítica do ser-aí* humano corresponde, sugere-se, à atitude imprescindível à própria abertura de um "campo fenomenológico-hermenêutico" de investigação no interior da ciência geográfica, que conduziria à investigação das bases ontológico-existenciais de uma ciência específica.

Trata-se, no que segue, de apresentar os elementos do pensamento de Heidegger que permitam endossar os termos-chave da problemática enunciada. Como pode ser observado, esses elementos apontam, basicamente, para a relação entre *fenomenologia, ontologia* e *analítica do ser-aí* que se revelam irredutíveis para o pensamento do filósofo, notadamente de modo inequívoco desde *Ser e Tempo* – livro amplamente reconhecido como marco indelével para a filosofia fenomenológica no século XX.

Caberia, portanto, começar a exposição evidenciando o caráter indissociável entre fenomenologia e ontologia, que, para Heidegger, não é – absolutamente – facultativo. Para demonstrar isso recorre-se ao parágrafo de *Ser e Tempo* que se tornou "canônico" no que respeita à exposição do sentido de método imputado à fenomenologia pelo filósofo, a saber, ao §7. O método fenomenológico de investigação, no qual se lê:

> A fenomenologia é a via de acesso e o modo de verificação para se determinar o que deve constituir tema da ontologia. **A ontologia só é possível como fenomenologia.** O conceito **fenomenológico de fenômeno** propõe, como o que se mostra, *o ser* dos entes, o seu sentido, suas modificações e derivados" (Heidegger, 2013, p. 66, grifo nosso).

---

[14] Não se trata, nos limites deste item do livro, de aspirar uma apresentação detalhada acerca da relação, complexa, entre a obra de Heidegger e as ciências particulares.

A relação entre fenomenologia e ontologia é, assim, para o filósofo, marcada por uma indissociabilidade fundamental. O caráter indissociável entre fenomenologia e ontologia é inerente a *Ser e Tempo*, livro cuja meta precípua consiste em reabilitar a elaboração concreta da questão pelo sentido de *ser* que corresponderia ao projeto de uma *Ontologia Fundamental*.

De fato, são inúmeras as passagens desde a introdução do livro – especialmente presentes no §7 – que poderiam ser destacadas para evidenciar que essa indissociabilidade é reiteradamente marcada pelo filósofo, para quem "[...] *Em seu conteúdo a fenomenologia é a ciência do ser dos entes – é ontologia* [...]" (Heidegger, 2013, p. 69).

Do exposto deve estar claro que não há a menor condição de se recorrer ao significado que Heidegger imputa à fenomenologia sem articulá-lo com a ontologia, entendida em *sentido amplo*, como retomada expressa da elaboração concreta da questão sobre o *sentido do ser*. Não cabe, neste momento, explicitar a significação do nexo indissociável que o filósofo imputa à relação entre fenomenologia e ontologia (que será retomada no capítulo 4), mas, tão somente, destacar o referido nexo como um elemento central para o pensamento de Heidegger. Outra forma de ratificar o nexo inextrincável que, para Heidegger, vigora na relação entre fenomenologia e ontologia, pode ser constatada pela indicação do *ser* como "assunto" da fenomenologia. Tradicionalmente o rótulo "ontologia" é usado para designar, numa acepção estritamente formal, o estudo do *ser*. Recorrendo ao mesmo §.7o filósofo ratifica uma vez mais esse nexo de forma expressa:

> O que será que a fenomenologia deve "deixar e fazer ver"? O que é que se deve chamar "fenômeno" num sentido privilegiado? [...]. Justo o que **não** se mostra diretamente e na maioria das vezes e assim se mantém **velado** frente ao que se mostra diretamente e na maioria das vezes, mas, ao mesmo temo, pertence essencialmente ao que se mostra diretamente e na maioria das vezes a ponto de constituir o seu sentido e fundamento.

> No entanto, [...] o que, num sentido extraordinário, se mantém **velado** ou volta a **encobrir-se** ou ainda só se mostra "desfigurado" não é este ou àquele ente, mas o *ser dos entes*. [...]. O que, portanto, num sentido privilegiado e em seu conteúdo mais próprio exige tornar-se fenômeno (o ser dos entes) a fenomenologia tomou para objeto de seu tema (Heidegger, 2013, p. 32, grifo nosso).

É em função desse nexo que o presente trabalho sugere que a "reabilitação" do problema da fundamentação ontológica deve constituir o foco sobre o qual uma ciência particular – como a Geografia – deve se restringir, com o propósito de que o caráter fenomenológico do pensamento de Heidegger possa ser divisado no bojo de uma ciência. Cabe, agora, justificar, em que medida procede a indicação da *analítica do ser-aí* como o primeiro passo no sentido da referida "reabilitação".

As citações que se seguem não têm o propósito de fornecer um esclarecimento extensivo sobre o significado da *analítica do ser-aí* (ver capítulos 4 e 5) mas, tão somente, amparar uma exposição preliminar que aponta para a pertinência do nexo entre os termos constitutivos à problemática do presente trabalho. A centralidade dispensada à *analítica do ser-aí* enquanto procedimento *principial* por meio do qual, ao fim e ao cabo, o método fenomenológico de investigação se efetiva é recorrentemente sublinhado pelo filósofo em passagens tão evidentes e concisas quanto a que se segue: *"[...] análise do ser-aí constitui, [...] o primeiro desafio no questionamento da questão do ser [...]"* (Heidegger, 2013, p. 44). A precedência da *analítica do ser-aí* para a elaboração da questão do *ser* e, portanto, para a consecução do projeto da *Ontologia Fundamental* almejada em *Ser e Tempo* corresponde ao primado ôntico-ontológico do *ser-aí* – exposto no terceiro e quarto parágrafos da *Introdução* de *Ser e Tempo* – e que será qualificado de modo mais detido a partir do capítulo 5 do livro. É em função do primado ôntico-ontológico do *ser-aí* que, sugere-se, o recurso ao pensamento de Heidegger para "reabilitar" o problema da fundamentação ontológica em uma ciência deve ser iniciada pela *analítica do ser-aí*. As ciências particulares, enquanto ontologias regionais, também elas – se buscarem desenvolver investigação acerca de sua fundamentação ontológica a partir da filiação ao pensamento de Heidegger – precisarão demonstrar a precedência da *analítica do ser-aí* como fonte da problematização ontológica em geral. Como se referiu Heidegger,

[...] as ontologias que possuem por tema os entes desprovidos do modo de ser do *ser-aí* [ou seja, "objetos" característicos das ciências] se fundam e se motivam na estrutura ôntica do próprio *ser-aí* [...]. É por isso que se deve procurar na analítica existencial do **ser-aí a ontologia fundamental de onde todas as demais podem originar-se** (Heidegger, 2013, p. 49, grifo nosso).

É com base nos elementos da "fenomenologia heideggeriana" destacados que o presente livro defende, no cerne de sua problemática, que uma interlocução coerente entre o pensamento de Heidegger e qualquer ciência particular, converge, necessariamente, à reabilitação do problema da fundamentação ontológica da respectiva ciência – tanto quanto confere, para efetivar a referida reabilitação, um lugar de primazia à *analítica do ser-aí humano*, que constitui a *fonte* da "elaboração concreta" da questão do *ser* e, por extensão, da *ontologia fundamental* da qual as ciências particulares, na condição de ontologias regionais, permanecem tributárias.

Sem dúvida, no presente item, dedicado à apresentação preliminar dos elementos do pensamento de Heidegger estruturantes à problemática do livro, precipitam-se uma série de formulações "intrincadas" características da terminologia *"heideggeriana"*, cuja significação somente poderá ser explicitada de modo mais detido no desenvolvimento do livro. De qualquer forma, com base no que foi até aqui explicitado, já deve estar claro em que medida a possibilidade de desenvolver uma investigação acerca do problema da fundamentação ontológica em uma ciência particular, como a Geografia, com base no pensamento do filósofo, estaria condicionado à compatibilização entre essa investigação – no plano interno de uma ciência – com a *analítica do ser-aí humano*, assumindo toda a carga de consequências metodológicas que a referida *analítica* implica. Por conseguinte o propósito de reabilitar a investigação ontológica na ciência geográfica a partir das diretrizes da fenomenologia de Heidegger implica, de modo incontornável, que todo e qualquer geógrafo que se lance nessa empreitada assuma a *analítica do ser-aí* como tarefa intrínseca, cabendo demonstrar, igualmente, que a assumpção dessa tarefa não constitui uma extrapolação do escopo da investigação à ciência geográfica, se o que está em questão é divisar as bases ontológico-existenciais da Geografia por meio da fenomenologia-hermenêutica no sentido almejado.

Antes, contudo, da incursão no âmbito propriamente fenomenológico, em função do modo com o qual o assunto tem sido predominantemente considerado na ciência geográfica sob os auspícios da Geografia humanista, o capítulo seguinte será dedicado à qualificação da gênese e desenvolvimento dessa corrente do pensamento geográfico. Sem dúvida, se considerado em termos de uma investigação fenomenológica (*stricto sensu*), o conteúdo do próximo capítulo constitui um extravio e, mesmo, uma transgressão inapropriada. Ao mesmo tempo, esse encaminhamento se revelou necessário e, além disso, poderá ser apreendido num sentido positivo como uma indicação (ou índice) do modo com o qual a fenomenologia permaneceu, na ciência geográfica, profundamente submetida a interpretações teóricas (*stricto sensu*), via de regra, pálidas no que diz respeito à consistência fenomenológica, e, por conseguinte, alheia à repercussão ontológico-existencial intrínseca ao pensamento de Heidegger.

2

GEOGRAFIA HUMANISTA-FENOMENOLÓGICA: EXCURSO SOBRE A SUA HISTÓRIA E INFLUÊNCIA NA PESQUISA BRASILEIRA EM GEOGRAFIA

2.1. Ponderações iniciais

Bem observada, a qualificação preliminar da problemática do livro desenvolvida no capítulo anterior privilegiou a fenomenologia, notadamente sob o "corte" heideggeriano. A referência à Geografia humanista se fez, tão somente, por meio de sua vinculação com a crítica que John Pickles desenvolveu à "fenomenologia geográfica", limitando-se basicamente à indicação de autores expoentes do horizonte humanista na Geografia (Yi-Fu Tuan, Edward Relph, Anne Buttimer, J. Nicholas Entrikin).

Na medida, entretanto, em que a Geografia humanista encerra um componente básico da problemática, é imprescindível fornecer uma qualificação mais detida sobre ela. Para tanto, torna-se, também, indispensável considerar sua formação histórica e institucional na ciência geográfica, o que será desenvolvido nos dois itens a seguir.

Enquanto tal, a exposição que será desenvolvida no presente capítulo afasta-se, significativamente, da diretriz analítica de teor crítico mais nuclear da pesquisa proposta, que permeou o capítulo precedente. Trata-se, contudo, de um "distanciamento estratégico" pois, a partir dele, a análise crítica que será desenvolvida no capítulo seguinte, acerca da leitura humanista de Heidegger e seus desdobramentos, poderá ser amparada por um enquadramento que permite situar a problemática proposta em relação à história do pensamento geográfico.

Nesses termos, o capítulo foi segmentado em dois itens, dos quais o seguinte fornece uma síntese sobre a história da gênese e desenvolvimento inicial da Geografia humanista anglófona privilegiando seu corte fenomenológico. No item subsequente, uma síntese similar será desenvolvida, tendo como foco a pesquisa brasileira em Geografia filiada ao horizonte humanista-fenomenológico. Essa segmentação reflete o fato de que tanto a gênese quanto o desenvolvimento ulterior da corrente humanista na pesquisa brasileira em Geografia foi – e permanece – decisivamente influenciada pela Geografia humanista anglófona – notadamente no elemento que corresponde ao cerne da problemática central do presente livro, qual seja: a "fenomenologia geográfica" dos expoentes da Geografia humanista como a raiz a partir da qual foi fomentado uma leitura humanista de Heidegger que, como poderá ser ratificado no próximo capítulo, permanece vigente mesmo em publicações recentes filiadas ao "coletivo humanista" da pesquisa brasileira em Geografia. Assim, não obstante o "excurso" à historiográfica sobre o assunto, a reflexão que se segue irá convergir mais adiante, como será observado, ao núcleo da problemática central do livro.

2.2. Gênese do horizonte humanista da Geografia: Uma apreciação sintética

Uma primeira advertência que foi observada como sendo relevante destacar sobre o sentido com o qual a Geografia humanista é problematizada no presente livro diz respeito à indicação de que a presente a pesquisa problematiza "uma vertente" interna ao referido horizonte. Trata-se estritamente da vertente da Geografia humanista que buscou se desenvolver sob influência da filiação à fenomenologia e, ainda mais especificamente, o foco irá incidir sobre as contribuições em que essa filiação se efetivou mediante o diálogo mais direto com o pensamento de Heidegger, aprendido pelos geógrafos humanistas enquanto fonte de matriz fenomenológica que poderia fundamentar, filosoficamente, uma acepção humanista da ciência na Geografia.

Essa observação é importante porque indica uma delimitação bastante significativa do recorte bibliográfico sobre o qual a análise que se segue ira efetivamente se concentrar. Na medida em que seu escopo não visa problematizar a Geografia humanista "em geral", o exercício de revisão bibliográfica não se orienta no sentido de uma depuração abrangente do "universo" que corresponderia ao horizonte humanista em sua integralidade, mas, tão somente, de uma parcela restrita ao "humanismo fenomenológico" na Geografia (Gomes, 2011, p. 325-337).

É importante, entretanto, considerar ainda que de modo bastante pontual o horizonte humanista em geral, isto é, a Geografia humanista enquanto tal, na medida em que esse horizonte abrange o enquadramento mais amplo no qual se verifica a gênese e desenvolvimento de sua vertente fenomenológica. De fato, mesmo a qualificação prévia da noção de Geografia humanista que será desenvolvida neste item é, ao mesmo tempo, tanto delimitada quanto, em igual medida, delimitadora dos limites da problemática da presente pesquisa. Espera-se, com essa delimitação, ressaltar o caráter factível da pesquisa proposta, na medida em que a investigação irá incidir sobre um recorte significativamente limitado de um universo bibliográfico bastante amplo (o da Geografia humanista "em geral"), que excede, em muito, o *"rol"* de contribuições cuja revisão foi entrevista como suficiente para os propósitos da pesquisa proposta.

No bojo do debate teórico da ciência geográfica, a Geografia humanista, enquanto tal, constitui um assunto extensamente trabalhado, tanto no âmbito de contribuições dedicadas à historiografia dessa ciência – nas quais é regularmente reservada uma exposição panorâmica da Geografia humanista ao lado das principais orientações teórico-metodológicas da disciplina (Claval, 2007, 2011; Corrêa, 2003; Gomes, 2011; Lima, 2014) – quanto, além disso, por meio de obras que foram especialmente dedicadas à Geografia humanista (Ley; Samuels, 1978, 1989; Holzer; 1992, 2016).

Com o propósito de fornecer uma apreciação sintética acerca do horizonte humanista na Geografia, que permita ratificar seu caráter constitutivamente pluralista, bem como chamar a atenção para o papel de destaque que a vertente fenomenológica assumiu em seu interior, recorre-se à contribuição de Paulo Cesar Gomes, contida no livro *Geografia e Modernidade*, no qual o horizonte humanista na Geografia é apresentado como expressão da crescente influência que o humanismo assumiu nas ciências sociais no final do século XX:

> [...] A influência do humanismo nestes últimos anos, nas ciências sociais fez nascer uma enorme diversidade de concepções, que se apresentam, todavia, sob o mesmo nome. Uma grande parte das obras escritas seguindo esta orientação metodológica invoca autores diferentes, tentando obter deles novas vias para o conhecimento geográfico. Encontram-se aí tanto marxistas, como L. Althusser, G. Poulantzas [...] quanto sociólogos e filósofos, como J. P. Sartre, M. Ponty, G. Bachelard, J. Habermas, M. Weber, C. Geertz, A. Giddens, ou ainda, fenomenologistas, como E. Husserl, **M. Heidegger** e K. Jaspers, e até mesmo literatos, como Shakespeare, Goethe e Hesse.
>
> Tal ausência de um programa unitário, às vezes mesmo esta incoerência, caracteriza as obras destes geógrafos que

> reivindicam a etiqueta de humanistas. A diversidade é frequentemente interpretada como produto de um ecletismo voluntário buscado por esta orientação em função do novo contexto crítico das ciências sociais. Esta corrente segue assim, a direção dominante na ciência contemporânea, que é a de buscar referências variadas, sem excluir nenhuma via, pois a exclusão é encarada como um risco de limitação e de empobrecimento. **Contudo, este ecletismo é inquietante, visto que, ao se estender sobre um campo de proposições tão largo, acaba por criar uma certa ambiguidade em relação às suas propostas, limites e métodos.** Se compararmos os discursos humanistas entre si, sua conduta se mostra mais do que ambígua e mais frequentemente contém múltiplas contradições e oposições. Cada perspectiva procura impor a superioridade de seu ponto de vista para fundar o "verdadeiro" humanismo. Poderíamos pensar que, à primeira vista, os pontos de vista são complementares, mas, de fato, em grande parte dos casos eles antes se excluem mutuamente. **Assim, se a visão global desta corrente de pensamento pode ter, à primeira vista, uma aparência de ecletismo, o exame mais aprofundado de suas proposições não deixa dúvidas:** existem vários humanismos, **fundados sobre pressupostos às vezes irreconciliáveis** (Gomes, 2011, p. 304-305, grifo nosso).

Do exposto, torna-se patente que a influência da fenomenologia e, por extensão, a aproximação ao pensamento de Heidegger constitui, efetivamente, senão "um" componente – a propósito, bastante restrito – de todo um universo que integra o horizonte humanista na Geografia. Contudo, o reconhecimento da pluralidade inerente ao horizonte humanista não deve obscurecer o papel de destaque que a influência da fenomenologia exerceu, tanto na constituição, quanto, igualmente, no desenvolvimento da orientação humanista na Geografia.

O autor citado, por exemplo, após conduzir uma revisão crítica acerca do significado da noção de humanismo, segmenta o capítulo dedicado à análise do horizonte humanista da Geografia em dois itens, intitulados, respectivamente, "*O espaço vivido, uma proposta de humanização da geografia*"; e, "*Humanismo fenomenológico: ecletismo e ambiguidades*". O caráter eclético e ambíguo que Gomes (2011) atribui à vertente fenomenológica da Geografia humanista poderia, desde já, fornecer subsídios diretamente convergentes ao cerne da problemática da presente pesquisa, na medida em que permitiria associar a leitura humanista que foi dispensada ao pensamento de Heidegger enquanto expressão do "ecletismo e ambiguidade" que Gomes (2011) destaca enquanto atributos salientes da vertente fenomenológica do humanismo na Geografia. Entretanto, na medida em que o presente capítulo tem como propósito fornecer uma apresentação da Geografia humanista, observou-se como mais pertinente reservar o "gancho" da crítica que a contribuição de Gomes (2011) disponibiliza para o próximo capítulo, que irá retomar o núcleo da problemática do presente trabalho, referente ao problema da leitura humanista de Heidegger.

Assim, seguindo as diretrizes referidas no parágrafo anterior, como será visto no que segue, a constituição da Geografia humanista – e, por extensão, a aproximação entre a fenomenologia e a ciência geográfica nesse contexto – está em sua origem associada ao movimento de contestação à matriz filosófica neopositivista e do paradigma quantitativo que são correlatos na Geografia. De acordo com Claval (2011), foi sobremodo relevante o impulso contestatório que emergiu na Geografia anglófona, na década de 1970, a partir de dois grupos que se opuseram à Nova Geografia de corte neopositivista: por um lado, a *corrente radical*, calcada sobretudo no marxismo, e, por outro, a *corrente humanista*, na qual destaca-se, dentre múltiplas filiações filosóficas, a fenomenologia.

Com base em Holzer (2016), a origem da identificação do papel que a fenomenologia poderia exercer como via alternativa à orientação quantitativa-neopositivista remeteria, em suas raízes, à introdução dos estudos da percepção ambiental nas pesquisas geográficas, na década de 1960. É a partir dos debates em torno desses estudos que se verifica o germe do que viria a se constituir, posteriormente, a Geografia humanista. Nesse sentido, o referido autor argumenta que teria sido necessário que a Geografia fosse perpassada pela revolução quantitativa para que pudesse, enfim – e tardiamente – se desvencilhar dos resquícios de seu isolamento como ciência de síntese e descritiva, que a caracterizou, tão profundamente, à fase da Geografia Tradicional.

De acordo com Holzer (2016), a introdução dos estudos da percepção ambiental na Geografia foi marcada por uma segmentação em duas variantes. Por um lado, a introdução desses estudos suscitou um debate de cunho metodológico e, de outro lado, um debate de cunho mais epistemológico ("filosófico"). Essas duas variantes convergiriam no Simpósio dedicado às temáticas da percepção ambiental e do comportamento, realizado no "61º Encontro Anual da Associação de Geógrafos Americanos" (AAG), em 1965 em Columbus, Ohio (EUA). Esse simpósio teve como saldo a consolidação e legitimação da percepção ambiental como tema relevante para a Geografia. Sobre a importância desse evento, Holzer (2016, p. 101) ressalta que

> [...] o Simpósio da AGG de 1965 foi um marco. Ele delimita o período em que a geografia se apropria do tema da percepção ambiental, canalizando uma diversidade de aspectos subjetivos que haviam sido pouco explorados pela disciplina. Ele tem outro significado mais importante: o delineamento claro de temas básicos que diferenciariam poucos anos mais tarde, a geografia humanista da geografia comportamental.

A consolidação do tema da percepção ambiental na Geografia o simpósio da AAG permitiu identificar a existência de duas perspectivas de abordagem sobre o tema, que agregavam dois "perfis" de geógrafos, dentre os quais aqueles,

> [...] ligados à geografia analítica [Nova geografia] interessavam-se principalmente pelas técnicas oriundas da psicologia, da economia e do planejamento urbano que se adequassem à sua posição de ruptura com os parâmetros da geografia clássica; esses centravam seus esforços na quantificação e mapeamento de comportamentos no espaço [...] (Holzer, 2016, p. 102).

Além dessa via indicada, uma outra perspectiva privilegiava os estudos da percepção ambiental em Geografia agregando, sobretudo, geógrafos,

> [...] ligados à geografia cultural ou à geografia histórica [que] se interessavam mais pela interdisciplinaridade e pela criação de novos laços com as Humanidades que o campo da percepção ambiental oferecia; seu interesse era o de incorporar à linha mais tradicional da geografia americana os aspectos subjetivos da relação do homem com o seu ambiente (Holzer, 2016, p. 102).

De modo sintético, a incursão dos estudos da percepção ambiental que se efetivou dando ênfase ao debate de cunho metodológico que se estabeleceu por meio dos geógrafos vinculados à Geografia analítica; enquanto, por outro lado, o debate de cunho mais caracteristicamente epistemológico foi sobretudo desenvolvido a partir dos geógrafos vinculados à Geografia cultural ou à Geografia histórica. Esse enquadramento dos estudos da percepção ambiental ligada à Geografia cultural e à Geografia histórica continha o germe do que viria, posteriormente, constituir a Geografia humanista que se desenvolveu de forma substantiva na década de 1970 (Holzer, 2016). Por sua vez, a perspectiva da percepção ambiental, associada a Geografia analítica, foi a base do que viria constituir a Geografia comportamental.

Dessa forma, foram os geógrafos que a princípio estiveram ligados à Geografia cultural e histórica que, durante a década de 1970, passariam a se definir como humanistas. É nessa mesma década que, de acordo com Holzer (2016), a Geografia humanista passaria a ser reconhecida como um "coletivo", porquanto congregava em seu interior uma diversidade filosófica, composta pelo pragmatismo, idealismo, fenomenologia e existencialismo. Cabe mencionar, com base nesse mesmo autor, que a despeito dessa diversidade de filiações filosóficas era possível reconhecer traços comuns na aplicação dessas filosofias pelo horizonte humanista:

> [...] o traço comum mais marcante das quatro correntes [pragmatismo, idealismo, fenomenologia e existencialismo] a que nos referimos é *a valorização do indivíduo*. Essa valorização destaca-se quando comparamos a geografia humanista à geografia positivista, ou à estruturalista, o que nos leva ao segundo ponto, que é *aceitação da existência e da predominância dos dados subjetivos*. Em todas essas posturas filosóficas, o indivíduo e a subjetividade delimitam um campo, que obriga a criação de um sistema ou teoria da percepção e de uma visão de mundo centrada no pensamento e no conhecimento, referente ao sujeito. **Esta valorização do sujeito resulta de uma visão antropocêntrica que tem muito em comum com o humanismo na sua concepção clássica: a do ser humano que valoriza sua existência em detrimento dos objetos, ou mundo material, que o cerca** (HOLZER, 2016, p. 245, grifo nosso).

Além desses aspectos em comum – e a despeito da pluralidade epistemológica que caracterizaria o "coletivo" humanista – o autor citado ratifica o papel de destaque que a fenomenologia assume no "coletivo humanista", nos seguintes termos:

> A filosofia fenomenológica-existencial serviu para unir o coletivo renovador da geografia cultural e histórica em torno de uma nova denominação a geografia humanista. Restava agora o reconhecimento oficial dessa geografia – o que aconteceu em meados dos anos de 1970 (Holzer, 2016, p. 175).

Será, de fato, ao longo da década de 1970 que o reconhecimento "institucional" da Geografia humanista viria a se efetivar, destacando-se de modo notável o ano de 1976 com uma série de publicações que exerceriam um efeito de fundamental importância nesse sentido. Como sublinha o autor, *"o ano de 1976 marca o reconhecimento da geografia humanista como campo autônomo da geografia pelos meios especializados norte-americano [...]"* (Holzer, 2016, p. 176). Em 1976, foram publicados no periódico "Annals of the Association of American Geographer" os seguintes artigos: "Humanistic Geography", de Yi-Fu Tuan; "Grasping the Dynamism of Lifeword", de Anne Buttimer; "Contemporary Humanism in Geography", de J. Nicholas Entrikin[15]. Enquanto os artigos de Yi-fu Tuan e Anne Buttimer buscavam indicar propostas para o "coletivo" humanista, o artigo de Entrikin realizava uma avaliação crítica sobre a assimilação da fenomenologia por esse "coletivo". Por fim, nesse mesmo ano Edward Relph publicou seu livro *Place and Placelessness*, que discutia o conceito de lugar a partir da fenomenologia. Foram citados, neste parágrafo, os geógrafos que são reiterada e justificadamente destacados como principais expoentes da Geografia humanista anglófona, a saber: Yi-Fu Tuan; Anne Buttimer; Edward Relph; e Nicholas Entrikin[16].

Após a "coroação" que o ano de 1976 representou em termos de reconhecimento da Geografia humanista anglófona, caberia destacar, ainda na década de 1970, a publicação do livro organizado por David Ley e Marwyn S. Samuels em 1978, intitulado *Humanistic Geography: Prospects and Problems*, enquanto esforço de síntese que envolvia um conjunto de autores que buscavam, então, contribuir com os debates epistemológicos, metodológicos na corrente humanista na Geografia[17]. Nesse sentido, Holzer argumenta, em relação ao ano de publicação desse livro, que

> [...] o mais importante a ser ressaltado é que 1978 repetia, de certo modo, o ano de 1965. Se antes o rótulo da "percepção ambiental" abrigava grupos de geógrafos que não aceitavam as

---

[15]   Esses artigos foram traduzidos e publicados no Brasil, servindo em grande medida como "base" para o desenvolvimento da Geografia humanista em nosso país. O artigo de Entrikin foi o primeiro a ser publicado, no ano de 1980, por meio do Boletim de Geografia Teorética, do departamento de Geografia da Unesp de Rio Claro, com o título: "O Humanismo Contemporâneo em Geografia". Os artigos de Tuan e Buttimer foram publicados no ano de 1982, no livro *Perspectivas da Geografia*, organizado por Antônio Christofoletti com os respectivos títulos: "Geografia Humanística" (Tuan); "Aprendendo o dinamismo do mundo vivido" (Buttimer).

[16]   Registre-se, novamente, o papel precursor que é atribuído à obra *O homem e a Terra: natureza da realidade geográfica*, publicada já em 1952, na França, por Eric Dardel, notadamente no que tange à influência da fenomenologia na Geografia, tendo sido ulteriormente convertido em "padrinho" da Geografia humanista.

[17]   Sobre a distinção do emprego dos adjetivos "humanista" [humanista] e "humanistic" [humanístico] consulte os trabalhos de Holzer (1992, p. 322-326) e Pádua (2013, p. 30-33). A referida discussão, não obstante importante pelo quanto permite precisar o emprego das referidas noções no contexto da constituição dessa corrente da renovação da Geografia não possui, de fato, nenhum rebatimento significativo para os termos com os quais o assunto é problematizado no presente livro, bem como para seus principais objetivos.

orientações dominantes, agora a geografia humanista assume esse papel abrigando posições dificilmente conciliáveis.

No entanto, esse coletivo humanista tinha bastante claras suas posições epistemológicas, orientadas pela fenomenologia existencialista e cada vez mais abertas aos ensinamentos estruturalistas e marxistas. No campo metodológico e de pesquisas, a situação era mais confusa. Havia uma enorme diversidade de aportes e respostas às questões epistemológicas, mas muito pouco questionamento crítico vinha sendo feito. Essa situação de definição epistemológica com ecletismo metodológico perduraria até meados dos anos 1980, quando o interesse pela geografia humanista declinou com bastante rapidez (Holzer, 2016, p. 217).

O "declínio" ou "perda relativa" do vigor da Geografia humanista enquanto orientação teórico-metodológica na Geografia nas décadas subsequentes não constituem, para este momento do livro, uma questão substantiva que careça de exposição extensiva, na medida em que importa, por enquanto, oferecer uma qualificação panorâmica do sentido da Geografia humanista, focalizando notadamente sua gênese. Essa qualificação prévia teve o propósito, tão somente, de fornecer um enquadramento geral sobre o qual será possível incidir a análise desenvolvida no capítulo seguinte. De fato, o desenvolvimento ulterior que a Geografia humanista[18] e mesmo a sua gênese, brevemente aqui qualificada, importam porquanto alimentarão a questão acerca do modo com o qual esse horizonte da ciência geográfica estabeleceu um perfil de assimilação da fenomenologia em sua acepção "heideggeriana". Quanto a isso, torna-se relevante situar a evolução da Geografia humanista desenvolvida por pesquisadores brasileiros, porquanto esse nicho bibliográfico se constituiu, como será ratificado no desenvolvimento do trabalho, uma fonte insuspeita da leitura humanista do referido filósofo.

2.3 A Gênese do horizonte humanista na pesquisa brasileira em Geografia

O surgimento e o desenvolvimento da Geografia humanista no Brasil seguiram em certa medida o caminho da Geografia humanista anglófona, ou seja, foi a partir do debate sobre a percepção ambiental na Geografia que

---

[18] Acerca do desenvolvimento ulterior da geografia humanista, sua associação e recomposição juntamente à Geografia cultural renovada, consulte-se, dentre outros, Holzer (1992, 2016).

houve o surgimento de uma corrente humanista no contexto específico da pesquisa brasileira em geografia. A diferença se dá em relação ao período histórico, pois,

> [...] não houve especificamente um movimento humanista organizado e forte nos anos 1970 ou 1980. O que assistimos, no caso brasileiro, foram repercussões pontuais a partir daquele eixo original do movimento humanista: a percepção do meio ambiente, especialmente ligada ao grupo da Universidade Estadual Paulista (UNESP) de Rio Claro (SP), liderado pelas professoras Lívia de Oliveira e Lucy P. Marion Machado [...] (Marandola Jr., 2013, p. 53).

Assim, as décadas de 1970 e 1980 ainda constituíram um período embrionário do que viria a se desenvolver enquanto "coletivo humanista" na pesquisa brasileira. A repercussão da orientação humanista na ciência geográfica ainda era, desse modo, bastante pontual entre os geógrafos brasileiros. Nesse contexto um papel de destaque é atribuído a um grupo de professores da Unesp/Rio Claro, impulsionados pela contribuição distintiva da professora Lívia de Oliveira:

> Um dos mais expressivos centros de estudos e pesquisadores filiados a essa corrente no Brasil é justamente a UNESP de Rio Claro-SP, principal núcleo irradiador dos estudos de percepção ambiental, sob a liderança das geógrafas Lívia de Oliveira e Lucy Machado, que conseguiram formar um grupo numeroso de discípulos, não apenas em Rio Claro como também em todo o país. Além das muitas pesquisas e publicações pessoais, as duas professoras orientaram algumas dezenas de dissertações e teses dentro da temática geral da geografia humanista e em particular, da percepção e cognição ambientais com uma abordagem principalmente de base piagetiana. Além disso, o grupo da UNESP de Rio Claro está à frente dos Encontros Interdisciplinares sobre o Estudo da Paisagem, realizados bianualmente, resultando na publicação de anais bastante ricos e num aumento significativo do intercâmbio entre pesquisadores vinculados às temáticas humanísticas, de todo o Brasil [...] (Amorim Filho, 1999, p. 81).

É a partir do interesse sobre o tema da percepção ambiental, que se articulou com a Geografia da percepção, que se compôs o contexto por meio do qual a Geografia humanista foi reconhecida inicialmente no Brasil (Marandola Jr., 2013). Foi também por intermédio da Geografia da percepção que os primeiros textos da Geografia humanista foram traduzidos e publicados no Brasil, no final da década de 70. É nesse contexto que foram levadas a termo traduções pontuais de publicações como, por exemplo, o artigo de Yi-Fu Tuan "Ambiguidade nas atitudes para com o meio ambiente", traduzido em 1975, e o artigo de Edward Relph, "As bases fenomenológicas da geografia", traduzido em 1979.

Foi sobretudo durante a década de 1980 que as primeiras influências da corrente humanista seriam sentidas na Geografia brasileira de forma mais significativa. Isso foi basicamente o resultado de dois principais fatores. De um lado, a tradução de artigos contidos no livro *Perspectivas da Geografia*, organizado por Antonio Christofoletti e publicado em 1982. Nesse livro foram traduzidos artigos de reconhecida relevância para a Geografia humanista: "Apreendendo o dinamismo do mundo vivido", de Anne Buttimer; "Geografia experiência e imaginação: em direção a uma nova epistemologia geográfica" de David Lowenthal; e "Geografia humanística", de Yi-Fu Tuan. Destaca-se, também, a tradução do artigo "O humanismo contemporâneo em Geografia", de Nicholas Entrikin, publicado em 1980 no Boletim de Geografia Teorética. As publicações desses artigos foram de fundamental importância para a penetração das propostas dos pioneiros do humanismo em Geografia no Brasil. De outro lado, foram feitas as traduções de dois importantes livros de Yi-Fu Tuan, pela professora Lívia de Oliveira: *Topofilia: um estudo da percepção, atitudes e valores do meio ambiente*, publicado em 1980, e também *Espaço e Lugar: a perspectiva da experiência*, em 1983.

Apesar de essas traduções terem oferecido uma amostra do panorama e perfil das propostas e debates desenvolvidos pelos pioneiros do horizonte humanista – de acordo com apreciação de pesquisadores filiados ao "coletivo humanista" que se dedicaram ao estudo do desenvolvimento da Geografia humanista na pesquisa brasileira em Geografia – considera-se que será sobretudo a partir da década de 90 que haverá, efetivamente, uma ampliação significativa da Geografia humanista no Brasil. É válido ressaltar que essa ampliação teria sido desenvolvida, em grande medida, em associação à renovação da Geografia cultural em curso em nosso país ao longo da década de 1990 e, além disso, seria também relevante chamar a atenção para as alusões que registram – expressamente – a relação entre o horizonte humanista e a fenomenologia, como é possível constatar na citação a seguir:

> Diferente da geografia humanista, a renovação da geografia cultural ocorre com força e de forma visível no Brasil, apenas com um pequeno hiato em relação aos países anglo-saxões, embora com origens e inspiração francesa. Ao final da década

> de 1990 esse movimento de renovação torna-se nacionalmente perceptível, na forma de simpósios e publicações do Núcleo de Estudos sobre Espaço e Cultura, da Universidade do Estado do Rio de Janeiro (UERJ). Essa renovação, que epistemologicamente bebe da geografia humanista estadunidense [...] dá visibilidade a autores brasileiros que construíram suas dissertações de mestrado e teses de doutorado ao longo dos anos de 1990 **focados de forma explícita na fenomenologia**: Werther Holzer e João B. F. de Mello, sobretudo (Marandola Jr., 2013, p. 55, grifo nosso).

Ainda, em função desse quadro, de acordo com o autor citado, será a partir de meados dos anos 2000 que se dará uma ampliação significativa do horizonte humanista que aspirava uma fundamentação fenomenológica no contexto da pesquisa brasileira em geografia, pois

> [...] a fenomenologia é apenas pontualmente ou marginalmente significativa no trabalho dos geógrafos, não aparecendo na imagem da geografia feita no Brasil até meados dos anos 2000: a fenomenologia é algo marginal, que aparece parcial ou raramente, sem clareza de seu papel ou potencialidade [...] (Marandola Jr., 2013, p. 54).

A ampliação de uma vertente fenomenológica do horizonte humanista no Brasil, ao longo da década de 2000, estaria também diretamente articulada com o crescimento do número de grupos de pesquisa, que passaram a se dedicar regularmente ao tema da fenomenologia na Geografia humanista. Nesse sentido, o Grupo de Pesquisa Fenomenologia e Geografia (Nomear), criado em 2004, destaca-se no sentido de fomentar o debate sobre a influência da fenomenologia na Geografia a partir do debate epistemológico. O grupo está sediado, atualmente, no Centro de Ciências Humanas e Sociais Aplicadas (CHS) da Faculdade de Ciências Aplicadas (FCA) da Unicamp. O grupo Nomear ajudou a fundar, em 2008, o Grupo de Pesquisa Geografia Humanista Cultural (GHUM)[19], sediado na Universidade Federal Fluminense (UFF). Esse grupo tem sido um irradiador da corrente humanista no Brasil, a partir do desenvolvimento de sua vertente fenomenológica.

---

[19] É importante destacar, nesse contexto, o papel do Grupo de Pesquisa Geografia Humanista Cultural (GHUM), pois, a partir dele, houve a organização da revista *Geograficidade*, que tem se constituído como importante meio de divulgação da vertente humanista-fenomenológica da pesquisa brasileira em Geografia. A revista, que teve sua primeira edição em 2011, possui uma média de três publicações anuais com artigos nos quais se destaca, embora não exclusivamente, a relação entre a Geografia e a fenomenologia.

É possível constatar um crescimento contínuo da criação desses grupos de pesquisa na geografia brasileira. Assim, por exemplo, ano de 2014 foi criado o "Núcleo de Pesquisa em Geografia Humanista" (NPGEOH), composto por docentes e discentes envolvidos com as ciências humanas, ligados ao Instituto de Geociências da Universidade Federal de Minas Gerais (UFMG). Em 2015, foi criado o "Grupo Geografia Humanista, Arte e Psicologia Fenomenológica" (GhuAPo), ligado à Universidade Federal dos Vales do Jequitinhonha e Mucuri (UFVJM). É interessante constatar que esses grupos e núcleos não atuam de forma isolada e desarticulada, quando se observa, por exemplo, o papel desempenhado pelo GHUM no surgimento do NPGEOH e GhuAPo[20].

Outro aspecto importante do papel desses grupos e núcleos – e da articulação entre eles – diz respeito aos encontros e reuniões científicas por eles promovidos. Cronologicamente os encontros começaram em 2005, com o "Simpósio Nacional sobre Geografia, Percepção e Cognição do Meio Ambiente (SINPEC)", realizado em Londrina no Paraná. Em 2006, foi realizado o "I Encontro de Estudos sobre Geografia e Humanismo". Após esse evento, os encontros foram anuais até 2009, quando foi realizado o "IV Encontro de Estudos sobre Geografia e Humanismo", no qual, a propósito, a fenomenologia foi destacada como temática principal. Esses quatros encontros sobre Geografia e humanismo foram realizados no "eixo" Universidade Estadual de campinas (Unicamp) – Universidade Estadual de Londrina (UEL), na medida em que eram os docentes e discentes dessas universidades que fomentavam e articulavam esses encontros por meios de seus respectivos grupos de estudos. No ano de 2010 foi realizado o primeiro "Seminário Nacional sobre Geografia e Fenomenologia", com sua 12ª edição organizada para 2023. A mudança na temática dos encontros é indicativa da importância que se passou a atribuir à fenomenologia entre os pesquisadores brasileiros filiados ao horizonte humanista. Esses seminários não se concentraram apenas em Londrina e Campinas, mas passaram a abranger cidades nos estados do Rio de Janeiro, Bahia e Minas Gerais, e, consequentemente, outros departamentos de Geografia, ampliando, assim, o processo de institucionalização

---

[20] A percepção dessa articulação se deu pela constatação de que os membros fundadores desse novo núcleo pertenciam inicialmente ao GHUM. Isso também é evidenciado pelo próprio blog que o GHUM mantém, onde se concentram grande parte das informações sobre os encontros, bem como sobre os núcleos e grupos que estão de algum modo atualmente filiados à vertente fenomenológica na Geografia humanista no Brasil. Inclusive, é por meio desse blog que são divulgadas as defesas de pesquisas filiadas a essa vertente como também as publicações de livros, como pode ser verificado no blog: https://geografiahumanista.wordpress.com/.

da Geografia humanista em nosso país[21]. Cabe registrar que a ampliação da influência institucional da Geografia humanista no país se fez acompanhar, igualmente, da difusão da fenomenologia, a partir do perfil prevalente da interpretação que lhe é dispensada por meio da Geografia humanista.

Os seminários sobre Geografia e fenomenologia ajudam a entender o motivo pelo qual algumas publicações destacam que haveria, no contexto do desenvolvimento da corrente humanista brasileira a *consolidação de uma vertente fenomenológica*, pois, esses seminários são – eles próprios – apreendidos como expressão da "[...] ampliação e difusão do interesse específico pela fenomenologia no pensamento geográfico, *realizando uma religação entre o movimento humanista estadunidense dos anos de 1970* [...]" (Marandola Jr., 2013, p. 55, grifo nosso).

De fato, o movimento de ampliação e fortalecimento do "coletivo humanista" na pesquisa brasileira mais recente se efetiva por meio de uma inequívoca retomada com a Geografia humanista anglófona da década de 1970[22]. Ele pode ser constatado pela centralidade dispensada aos geógrafos pioneiros do humanismo em Geografia: Anne Buttimer, por exemplo, foi requerida para desenvolver as possibilidades de contribuições da fenomenologia para o estudo do "mundo-vivido" (Geraldes, 2011; Mello, 2005). As categorias espaciais e a obra de Yi-Fu Tuan foram revisitadas e sistematizadas (Mello, 2001; Pádua, 2013); e, além disso, há publicações que tratam diretamente da relação entre a fenomenologia a Geografia humanista (Marandola Jr., 2013, 2020; Amorin Filho, 1999). É, também, nesse contexto que, por exemplo, Edward Relph foi tido como fonte de interpretação do pensamento de Heidegger na Geografia humanista (Marandola Jr., 2009, 2010, 2012, 2016).

A breve análise do processo histórico de formação e consolidação da corrente humanista no Brasil, nos conduz, por sua vez, ao limiar da perspectiva de problematização sobre o assunto esposada pelo presente livro. Isso porque o exposto já nos fornece subsídios que permitiriam levantar a seguinte questão: no contexto de ampliação que o "coletivo humanista" brasileiro conheceu nas últimas décadas, teria a aspiração de filiação à fenomenologia, notadamente o pensamento de Heidegger, sido influenciada pelo perfil de

---

[21] Essas informações são uma síntese dos dados disponíveis no blog do GHUM para mais informações consulte o blog: https://geografiahumanista.wordpress.com/

[22] Um lugar à parte deve ser reservado ao esforço de revisão do surgimento da corrente humanista desenvolvido por Wether Holzer, pelo pioneirismo dentre os geógrafos brasileiros, no sentido de haver contribuído com a publicação de estudos dedicados à uma exposição mais ampla e sistemática dessa corrente (Holzer, 1992, 1993, 1997a, 1997b, 2008, 2016).

assimilação que caracterizou a "fenomenologia geográfica" dos pioneiros da Geografia humanista anglófona? Em sendo afirmativa, quais as consequências desse perfil de assimilação para o modo com o qual o pensamento do referido filósofo tem sido interpretado na pesquisa brasileira em Geografia? Essas perguntas são pertinentes, sobretudo, quando se constata – como o presente item deixou entrever – que o impulso recente que o "coletivo humanista" assistiu em nosso país procurou, a partir dos anos 2000, desenvolver uma filiação fenomenológica mediatizada pela chave interpretativa dos pioneiros do horizonte humanista.

A possibilidade elaboração de respostas às questões levantadas no parágrafo anterior implica desenvolver uma investigação que se articula, diretamente, com o plano de problematização mais nuclear do presente livro, constituindo o conteúdo privilegiado do capítulo seguinte.

3

A REPRODUÇÃO DA LEITURA HUMANISTA DE HEIDEGGER COMO REINCIDÊNCIA NA "FENOMENOLOGIA GEOGRÁFICA"

3.1. Observações prévias[23]

O objetivo do presente capítulo consiste em conduzir uma crítica à leitura humanista de Heidegger vigente nas contribuições recentes do horizonte humanista da Geografia. Ele será desenvolvido a partir de uma retomada da manifestação do filósofo acerca da relação entre o seu pensamento com o humanismo, brevemente assinalada no capítulo 1, quando, no tópico 1.1, destacou-se a seguinte citação da *Carta sobre o humanismo*: "[...] *o pensamento de Ser e Tempo é* **contra** *o humanismo* [...]" (Heidegger, 2009 [1947], p. 50, grifo nosso).

Tendo em vista a relevância que essa atitude de Heidegger em relação ao humanismo possui para o propósito do presente trabalho é de fundamental importância ampliar o entendimento acerca de seu significado e radicalidade. Dessa forma, é pertinente destacar o fato de que até mesmo a possibilidade de se estabelecer uma convergência entre seu pensamento e o "título" humanismo (ou seja, o próprio recurso à noção de "humanismo") é frontalmente rejeitada pelo próprio filósofo, nos seguintes termos:

> Suposto que um título ["humanismo"] tivesse alguma importância, será que esse pensamento [no elemento de Ser e Tempo], ainda poderia ser designado como humanismo? **De certo que não, enquanto o humanismo pensa metafisicamente** [...] (Heidegger, 2009 [1947], p. 55-56, grifo nosso).

Diante do caráter cabal da afirmação do filósofo, parece ser difícil sustentar a pertinência de se recorrer ao seu pensamento visando fornecer uma fundamentação filosófica para uma perspectiva humanista em uma ciência.

---

[23] A crítica à leitura humanista do pensamento de Heidegger promovida pela Geografia humanista contida no presente capítulo foi, de maneira preliminar, desenvolvida em dois trabalhos (Santos; Reis, 2019; Reis; Santos; 2019).

De fato, essa atitude do filósofo em relação ao humanismo é reiteradamente aprofundada em várias direções ao longo do livro *Carta sobre o humanismo*. Trata-se de uma publicação na qual a advertência crítica do filósofo em relação a interpretação humanista de seu pensamento foi expressa de modo patente, com a clara intenção de tornar incontestável sua forma de considerar o assunto. Por isso, cabe seguir de modo mais detido os argumentos de Heidegger no referido livro.

A *Carta sobre o humanismo* constitui a publicação de uma missiva escrita por Heidegger em 1946 (publicada em 1947 pela editora Francke na Suíça) em resposta a uma série de questões que Jean Beaufret[24] propôs ao filósofo. Dentre as questões enviadas para o filósofo, destaca-se, a seguir, aquela que o filósofo observou como sendo a mais fundamental, sobretudo no que concerne à relação de seu pensamento com o humanismo:

> O Senhor [Jean Beaufret] pergunta: De que maneira se pode restituir um sentido à palavra, "humanismo"? Sua pergunta não pressupõe somente que o Senhor pretende conservar a palavra "humanismo". Ela implica também o reconhecimento que essa palavra perdeu o seu sentido".
>
> E o perdeu por se haver percebido que a Essência do humanismo é metafísica, e isso significa agora, por se haver percebido que **a metafísica não só não coloca a questão sobre a Verdade do Ser, mas a obstrui, enquanto *persiste* no esquecimento do Ser** (Heidegger, 2009 [1947], p. 71-72, grifo nosso).
>
> [...]
>
> **No caso de decidirmos manter a palavra, "humanismo" significa, então: a Essência do homem é Essencial para a Verdade do Ser, mas de tal sorte que o mais importante não seja o homem simplesmente como tal. Nesse sentido pensamos um humanismo todo especial. A palavra [humanismo] indica um título que é um *"locus a non lucendo"*** (Heidegger, 2009 [1947], p. 73, grifo nosso).

Com base no exposto, é relevante destacar preliminarmente o sentido da expressão latina *locus a non lucendo*, que encerra a citação, para indicar o que significaria, para Heidegger, o recurso (ou até mesmo a mera "manu-

---

[24] Trata-se de um dos principais interlocutores do filósofo na França em meados do século XX.

tenção") da palavra humanismo a partir da direção que ele procurou pensar, em *Ser e Tempo*, o homem, mediatizado pela tarefa primordial de retomar a elaboração da questão sobre o *sentido de ser*. Salta aos olhos, nesse sentido, que expressão latina *locus a non lucendo* signifique uma *"derivação **paradoxal** ou **absurda**; algo do qual as qualidades são o **oposto do que o nome sugere**"* (Lucus..., [ca. 2023], grifo nosso). Por isso, torna-se evidente em que medida a atitude do filósofo acerca da possibilidade de associar seu pensamento ao humanismo é tão categórica quanto resoluta:

> Será que ainda se pode chamar de "humanismo" esse "humanismo", que se pronuncia contra todo humanismo vigente, mas sem advogar, de maneira alguma, o inumano? **E somente para, talvez participando no uso do título, nadar nas correntes [humanistas] em voga, que se afogam no subjetivismo metafísico e submergem no esquecimento do Ser?** Ou não será que o pensamento, **por meio de uma oposição aberta ao humanismo,** não deve antes suscitar um escândalo, capaz de despertar, primeiro, a atenção sobre a *humanitas* do *homo humanus* e sua fundamentação? [...]! Será que não deveríamos suportar, ainda por algum tempo, os mal-entendidos, a que vem sendo exposto o pensamento no elemento de *Ser e Tempo*, e deixar que se gastem lentamente? **Esses mal-entendidos são, naturalmente, interpretações do que se lê ou mesmo do que se pretende ter lido, segundo o que se crê já saber antes da leitura** (Heidegger, 2009 [1947], p. 73-74, grifo nosso)[25].

Assim, com base nessas citações, torna-se patente – como já havíamos considerado (Reis; Santos, 2019) – que o humanismo é compreendido pelo filósofo como tributário de uma via de pensar o homem que não somente

---

[25] A citação contém, sobretudo nas últimas linhas grifadas, indicações (sobremodo relevantes porquanto fornecidas pelo próprio Heidegger) que permitiriam depreender, ainda que em caráter preliminar, os motivos pelos quais se reproduziu – no caso específico da Geografia humanista por décadas a fio – uma interpretação tão inadvertida de seu pensamento: tratar-se-ia de uma manifestação das mesmas razões que Heidegger credita aos "mal entendidos" que envolveram a interpretação de seu pensamento (a partir de *Ser e Tempo*) até meados da década de 1940, quais sejam essas razões: mal entendidos que *"...são, naturalmente, interpretações do que se lê ou mesmo do que se pretende ter lido, segundo o que se crê já saber antes da leitura"*. Como já foi indicado anteriormente – e será ratificado no que segue – parece bastante evidente o fato de que, no caso de um determinado tipo de leitura que foi dispensada ao filósofo na ciência geográfica, ao invés se conduzir uma assimilação do pensamento de Heidegger através das diretrizes que lhes são próprias, vigorou a reprodução despropositada de uma interpretação *"...do que se lê ou mesmo do que se pretende ter lido, segundo o que se crê já saber antes da leitura"* de seus textos. No caso, o *que "se lê"* ou o que *"se pretende ter lido"* ... *"segundo o que se crer já saber antes da leitura"* dos textos do filósofo seria a suposição (reiteradamente difundida na historiografia da Geografia), de que seu pensamento poderia coadunar com uma interpretação humanista e, assim, servir como matriz de fundamentação filosófica para a vertente fenomenológica do horizonte humanista na Geografia.

passa ao largo da necessidade de fomentar uma elaboração concreta da questão sobre o *sentido do ser*, como, além disso, tenderia até mesmo a obstruir o entendimento do sentido da própria necessidade da elaboração da questão. É importante sublinhar que a atitude manifestada pelo filósofo não exprime, de modo algum, uma atitude circunstancial ou restrita a uma determinada "fase" de seu pensamento, pois tanto quanto a elaboração da questão do *sentido do ser* constitui o fulcro que perpassa todo o pensamento do filósofo (Bornheim, 2001 [1970], p. 177), a contraposição dispensada ao humanismo também constitui um elemento inerente à integralidade do percurso de seu pensamento.

É evidente que uma manifestação tão contundente quanto a que o filósofo exprimiu acerca do caráter inconciliável de seu pensamento em relação ao humanismo alimentou extensivamente a literatura dedicada à interpretação de seu pensamento. Destaque-se, quanto a isso – dentro de uma infinidade de publicações dos estudiosos do filósofo – o comentário feito por Maria Mafalda Blanc, reconhecida pelo trabalho de pesquisa e tradução sistemáticas de Heidegger em língua portuguesa:

> [...] Sem ser nossa intenção discutir os diversos tipos de humanismos, o seu caráter próprio e a sua validade, importa-nos, porém, reter aqui, que a cada determinação da essência do homem corresponde sempre, explícita ou implicitamente, uma certa concepção do ente como tal e em totalidade. [...] Contudo, não somente a pergunta sobre o homem requer uma interpretação do ente como tal e em totalidade, como também a pergunta sobre o ente como tal e em totalidade recai de uma forma eminente sobre a realidade humana que interroga, pondo-a desta forma em questão, reclamando a determinação da sua essência. Pode-se por isso dizer, que todo o humanismo é metafísico e que toda a metafísica é, no seu projeto essencial, um humanismo. Metafísica e humanismo implicam-se mutuamente, são como a dupla face de uma mesma interrogação, cujo percurso é determinado pela pertença recíproca e enigmática do ser e do homem (Blanc, 1998, p. 62-63).

Como pôde ser observado, o filósofo recusou a convergência (ou associação) entre o seu pensamento e o "humanismo". A requisição mesma da palavra "humanismo" é repelida em função da condição de *locus a non lucendo* (contrassenso) que, enquanto tal, poderia significar a intrusão de uma forma de pensamento caracteristicamente metafísica que tenderia a obstruir o próprio entendimento da necessidade de uma retomada da elaboração da questão acerca do *sentido de ser* – ou seja, o elemento irredutível ao pensamento de Heidegger. Dessa forma, somente por meio de uma profunda deturpação do que foi tornado expresso pelo próprio filósofo acerca do humanismo seria possível permanecer recorrendo ao seu pensamento como "matriz fenomenológica" para fundamentar uma "concepção humanista" da ciência – e, por conseguinte, mais especificamente, de uma Geografia humanista. Deturpação essa que, entretanto, como será demonstrado, ainda grassa de modo insidioso na disciplina, particularmente em contribuições de geógrafos que têm aspirado a filiação e fortalecimento do "coletivo humanista", conforme já trazido à tona por Reis; Santos (2019). Com o propósito de iniciar uma análise demonstrativa que permita subsidiar a pertinência dessa argumentação, leia-se a seguinte citação:

> Os **geógrafos** têm buscado a experiência humana sobre a Terra e este objetivo coaduna com o esforço dos **fenomenologistas**. Por isso, entendemos que as concordâncias entre ambos **revelam um sentimento humanista maior de desejo de colocar o homem como medida e valor para um humanismo autêntico**, primando pela humanidade do homem humano, **como o quis Heidegger** (1991 [1947]) e como o **queremos hoje**" (Marandola Jr., 2005a, p. 77-78, grifo nosso).

> [...]. "Eis o desafio que vemos à frente para a ciência e para a Geografia: [...]. **Conseguir ter uma ciência permeada pelo Humanismo** e pela Abordagem Cultural, sem perder nossas raízes e tradições. É a proposta de uma ciência humanista e orgânica, consubstanciada entre o material e o imaterial, mas **com um valor de medida: o homem**". (Marandola Jr., 2005c, p. 414, grifo nosso).

Assim, como torna evidente o contraste entre as citações do geógrafo humanista e do filósofo, destacadas anteriormente, a discrepância entre o pensamento do filósofo e a interpretação que lhe é imputada pelo geógrafo humanista não poderia ser maior. Não se trata, entretanto, de um deslize de interpretação incidental, mas a evidência de uma radical incompreensão em relação ao âmbito do pensamento do filósofo e, por isso, encerra um traço tão constitutivo quanto problemático da interpretação que lhe foi imputada sob os auspícios do horizonte humanista na Geografia. Essa interpretação terá, por sua vez, consequências restritivas que irão afetar até mesmo a assimilação de elementos que, de outra forma, poderiam ser considerados triviais para a recepção do pensamento do filósofo em qualquer ciência. Contraste-se, por outro exemplo, a citação anterior com o entendimento de Heidegger acerca da vinculação entre o "humanismo" e a noção de "valor", extraída de outra passagem da *Carta sobre o humanismo:*

> [...] Porque se fala contra o "humanismo", teme-se que se defenda o inumano e se glorifique a brutalidade e barbaridade. Pois, o que é "mais lógico" do que isto: quem nega o humanismo, não lhe resta senão afirmar a desumanidade? [...] Porque se fala contra os "valores" surge uma indignação em face de uma filosofia que [...] se atreveria a desprezar os bens mais elevados da humanidade. Pois, o que é "mais lógico" do que isto: um pensamento que nega os valores, terá necessariamente que declarar tudo sem valor? (p. 74). [...]. O pensamento contra "os valores" não afirma ser sem valor tudo que se considera como "valores", a saber, a "cultura", a "arte", a "ciência", a "dignidade humana", o "mundo" e "Deus". Ao contrário. **Trata-se de se compreender de uma vez por todas, que ao caracterizar algo como um "valor", se lhe rouba a dignidade. O que quer dizer: ao se avaliar uma coisa como valor, só se admite o que assim se valoriza, como objeto de avaliação do homem.** Ora, o que uma coisa é, em seu ser, não se esgota em sua objetividade e principalmente quando a objetividade possui o caráter de valor. Toda valorização, mesmo quando valoriza positivamente, é uma subjetivação. Pois ela não deixa o ente ser mas deixa apenas que o ente valha, como objeto de sua atividade. [...]. **Pensar em termos de valor é aqui, como alhures – a maior blasfêmia que jamais se possa pensar com relação ao Ser.** (Heidegger, 2009, p. 78, grifo nosso).

Desse modo, seria necessário reconhecer que a citação do geógrafo destacada anteriormente (Marandola Jr., 2005a; 2005c) constituiria um exemplo do que o filósofo considera a *"maior blasfêmia que jamais se possa pensar em relação ao Ser"*, na medida em que o geógrafo requisita o homem *"como valor de medida"* para uma ciência humanista – exatamente o que é destacado pelo filósofo como um gesto de destituição da dignidade do homem, característico da metafísica. Na medida em que o *ser* constitui o assunto primordial da ontologia – e, também, a questão cardeal do filósofo – deve estar também claro em que sentido o presente trabalho faz alusão ao "extravio" (ou mesmo a "obstrução") que a interpretação humanista poderia significar, frente à possibilidade de encetar uma reabilitação do problema da fundamentação ontológica na ciência geográfica por intermédio de Heidegger.

É importante demonstrar que essa discrepância "interpretativa" não constitui um equívoco episódico de interpretação, que se restringiria ao trabalho especificamente citado, publicado a quase duas décadas pelo geógrafo humanista (Marandola Jr., 2005c). Absolutamente, pois, a reprodução dessa discrepância é ratificada em um número significativo de publicações ulteriores e, mesmo, recentes – filiadas ao "coletivo humanista" (Marandola Jr., 2012, 2013, 2014ª, 2016, 2020, 2021; Dal Gallo; Marandola Jr., 2015a, 2015b; Dal Gallo, 2015; Galvão Filho, 2019). Dentre essas publicações, considera-se importante destacar a reincidência dessa "chave-interpretativa" humanista de Heidegger, tal como foi registrada na apresentação do livro *Qual o espaço do lugar? Geografia, epistemologia, fenomenologia*, publicado em 2014b:

> O cenário teórico é de maior pluralidade em direção à superação da excessiva fragmentação. E como atestam as contribuições aqui reunidas, não vivemos uma era de ecletismo irresponsável, mas de potencialidades analíticas instigantes para se pensar o ser e, ..., talvez até pensar a ontologia do espaço. [...] *O pensar ontológico nunca foi mais necessário*, por isso tantos recorrem atualmente a Heidegger para buscar respostas aos problemas da sociedade contemporânea. *Os valores humanistas também nunca foram tão necessários* frente a um mundo desumano e pernicioso. (Marandola Jr., 2014b. p. 17, *grifo nosso*).

É procedente, com base na citação, trazer à tona uma vez mais a questão já levantada em outras publicações[26]: como é possível compreender uma discrepância interpretativa tão acintosa da assimilação do pensamento de Heidegger entre os geógrafos? Em sendo avaliada de modo consequente, uma resposta cabal para essa pergunta seria, certamente, reducionista[27]. Não obstante essa ponderação, sugere-se como sendo pertinente reafirmar uma resposta já ensaiada em publicações precedentes, qual seja: a divergência acintosa manifestada nas citações constitui, ao menos em parte – e quando se considera estritamente o plano interno ciência geográfica – a expressão de um anacronismo injustificado que acomete publicações que recaem num

---

[26] Cf. Reis; Santos (2019).

[27] Isso se verifica na medida em que, sugere-se, por um lado, a divergência referida na questão estaria assentada tanto em elementos internos à historiografia da ciência geográfica – que acometeria pesquisadores com pouco preparo para a assimilação do debate epistemológico da ciência geográfica, quanto, por outro lado, também seria tributária de elementos associados à peculiaridade da experiência de linguagem e pensamento próprios à fenomenologia-hermenêutica de Heidegger. No próximo item (3.2) iremos nos concentrar nos elementos internos à ciência geográfica, enquanto aqueles elementos vinculados à peculiaridade e exigências próprias ao pensamento de Heidegger serão considerados, de maneira sintética, no item 3.3.

problema que já teria sido suplantado há décadas na disciplina, conforme já observado em trabalhos precedentes[28].

O próximo item é reservado ao desdobramento dessa resposta sugerida, no sentido de justificá-la. Para tanto, será conduzida uma retomada dos elementos centrais da contribuição de John Pickles sobre o assunto, cuja centralidade para a perspectiva de tratamento ao assunto assumida no presente livro foi registrada, de forma prévia, no primeiro capítulo. Em seguida, no último item do capítulo, serão consideradas algumas consequências, dentre as mais evidentes, que a leitura humanista de Heidegger exerce para a ciência geográfica, procurando, por meio dessas indicações, apontar para uma alternativa de liberação dos principais problemas que, reiteradamente, tem acometido a interlocução dos geógrafos com o pensamento do filósofo.

3.2. O caráter anacrônico da interpretação humanista de Heidegger na Geografia

No que segue pretende-se evidenciar o caráter injustificável, porquanto anacrônico, de publicações recentes que permanecem aspirando desenvolver uma base fenomenológica à Geografia humanista mediante a interlocução com o pensamento de Heidegger.

Para tanto, será de fundamental importância *retomar* a contribuição de Pickles (1985), cujo elemento mais importante para o objetivo em tela remete à distinção estabelecida pelo geógrafo entre uma "Geografia fenomenológica" e uma "fenomenologia geográfica". Essa última, a "fenomenologia geográfica", configuraria uma adaptação da filosofia fenomenológica fundada por Husserl às estruturas de significação dos conceitos geográficos estabelecidas no bojo das contribuições que integraram a constituição do horizonte humanista na década de 1970 (a partir de geógrafos expoentes desse horizonte, tais como Yi-Fu Tuan, Edward Relph, Anne Buttimer etc.). Essa adaptação, por sua vez, teria se convertido na única referência que os pesquisadores subsequentes disporiam sobre o significado da fenomenologia

---

[28] O anacronismo aludido é patente quando se considera, por exemplo, a crítica desenvolvida, desde meados da década de 1980, por Pickles acerca da "fenomenologia geográfica" dos pioneiros da Geografia humanista. Sugere-se, nesse sentido, que a assimilação humanista de Heidegger, em estudos recentes da Geografia humanista, constitua a expressão, defasada, do que Pickles criticou enquanto "fenomenologia geográfica", ao repetir a interlocução que os pioneiros da Geografia humanista anglófona estabeleceram com a filosofia fenomenológica na década de 1970. Em sendo pertinente essa interpretação, ela torna compreensível a reprodução da interpretação humanista de Heidegger na Geografia humanista enquanto uma derivação inadvertida e inconsequente dos problemas característicos da "fenomenologia geográfica" dos pioneiros do horizonte humanista na Geografia (Reis; Santos, 2019).

na disciplina (Pickles, 1985, p. 5). Pickles observou, por isso, a necessidade de questionar a "fenomenologia geográfica" gestada pelos pioneiros e expoentes da Geografia humanista contrastando-a com o significado original da fenomenologia fundada por Husserl e dos principais filósofos que a ela se filiaram e desenvolveram-na, dentre os quais destaca-se, de maneira significativo no livro de John Pickles, a referência insigne de Heidegger. Como consequência dessa comparação Pickles sinaliza para a possibilidade – e, sobretudo, para a necessidade – de se encampar o projeto de uma "Geografia fenomenológica". Essa última corresponderia ao esforço de uma retomada da interlocução com os expoentes da filosofia fenomenológica (Husserl, Heidegger etc.), visando à depuração de uma base fenomenológica sólida para a ciência geográfica. O humanismo é "expelido" desse projeto na medida mesma em que o autor – numa passagem diretamente amparada na interlocução direta com Heidegger – compreende que

> [...] a fenomenologia também não se equipara necessariamente ao humanismo. No fim, espero tornar esta assertiva mais radical e, por meio de Heidegger, mostrar: [...], a fenomenologia nunca poderá ser um "humanismo" [...] (Pickles, 1985, p. 50, tradução nossa).

A crítica de Pickles à fenomenologia dos pioneiros da Geografia humanista se impôs de modo incontornável para ele, de tal modo que é por meio dessa crítica que, em última instância, o autor pôde fazer avançar as conquistas dos pioneiros, ou seja, não degradando o esforço científico (e, por extensão, também institucionalmente consistente) que eles efetivamente desempenharam para que a assimilação da fenomenologia na Geografia ganhasse relevância a partir da década de 1970. O projeto de uma "Geografia fenomenológica" é, assim, entrevisto como uma perspectiva que permitiria suplantar o padrão de codificação da "fenomenologia geográfica" legada pelos pioneiros do horizonte humanista e, apontaria, por sua vez, em direção à investigação da ontologia da espacialidade humana, que, para Pickles (1985, p. 170) constitui um programa de pesquisa amplo. O trabalho de Pickles atesta que o aprofundamento da base fenomenológica na Geografia, particularmente a partir de Heidegger, não poderia ser compatível com o humanismo – coadunando, portanto, estritamente com a perspectiva com a qual o filósofo considera o humanismo. Nesse sentido, uma *Geografia fenomenológica* não poderia ser concebida enquanto *Geografia "humanista"* em função da incompatibilidade intrínseca que o conteúdo significativo estrito que os termos "fenomenológico" e "humanista" exprimiriam, ao menos em consonância com o pensamento do filósofo.

Com base no exposto, cabe problematizar uma gama significativa de publicações recentes filiadas ao horizonte humanista que permanecem imputando uma leitura humanista ao pensamento de Heidegger (Marandola Jr., 2014a, 2012, 2013, 2016, 2021; DAL GALLO; MARANDOLA JR., 2015b) que, dessa forma, apontam para uma perspectiva de tratar o assunto divergente daquela divisada por Pickles (1985), em sintonia com Heidegger. É indispensável, assim, interpelar mais detidamente o perfil dessas publicações nas quais, a propósito, à leitura humanista do filósofo regularmente se faz acompanhar de ilações que visam, reiteradamente, exaltar a importância institucional da Geografia humanista no panorama atual da pesquisa geográfica.

No sentido de viabilizar o encaminhamento proposto, caberia iniciá-lo a partir da exposição de uma sequência de citações que são especialmente instigantes por terem sido extraídas de uma publicação que – além de evocar expressamente a filiação ao "coletivo humanista" – tem o objetivo declarado de realizar um balanço panorâmico, no início da década de 2010, sobre a relação entre a Geografia humanista e a fenomenologia, na qual o autor, após passar em revista o papel da fenomenologia na constituição da Geografia humanista "estadunidense" na década de 1970 (e seus desdobramentos nas décadas subsequentes), dispõe a seguinte apreciação:

> "Por conta desse processo, a geografia humanista, como um todo, não se aprofundou na fenomenologia ao ponto de constituir ou propor uma geografia fenomenológica. Os geógrafos deste movimento [da renovação humanista] escavaram até certo ponto (com exceção de Relph), e diante das dificuldades inerentes de se incorporar um sistema filosófico heterodoxo como a fenomenologia ao fazer científico, satisfizeram-se com a renovação conceitual que haviam conseguido e com as aberturas que se constituíram. Uma conclusão comum a autores como Entrikin (1976), Buttimer (1976) e Tuan (1976) era que a fenomenologia era mais útil como uma orientação, como uma postura, e que ela teria limites muito claros, especialmente para a operacionalização de pesquisas empíricas" [...]. ***Considero esta perspectiva completamente superada atualmente, com avanços e pesquisas suficientemente consistentes que mostram que a hesitação na época era circunstancial***, *talvez fruto do próprio estado da pesquisa fenomenológica, que ainda carecia de muitas traduções e conhecimento de textos-chave de **Husserl e Heidegger**, por exemplo, cuja possibilidade de pensamento espacial em ambos ainda era embrionária ou simplesmente inexistente*" (Marandola Jr., 2013, p. 53 grifo nosso).

A citação é iniciada com um argumento que, a princípio, poderia ser considerada convergente àquele proposto por Pickles (1985), porquanto sinaliza que a Geografia humanista não teria se aprofundado na fenomenologia, limitando, assim, a possibilidade de constituir uma Geografia fenomenológica. Uma análise mais detida da citação revela, contudo, que não é esse – absolutamente – o caso. Isso pode ser aferido, de modo inequívoco, quando se constata que o autor assevera que os limites que teriam restringido o aprofundamento da filiação fenomenológica na Geografia humanista configurariam uma situação *"completamente superada atualmente"*, com o claro propósito de reafirmar, no contexto da pesquisa em Geografia no início da década de 2010, a pertinência de se requisitar uma filiação à fenomenologia para fundamentar uma perspectiva humanista na Geografia.

Trata-se, portanto, de um encaminhamento fundamentalmente divergente da posição de Pickles (1985), mas, além disso, como visto anteriormente, é antes de tudo incompatível com a perspectiva de considerar o humanismo manifestada pelo próprio Heidegger – filósofo que, é importante ressaltar, foi nomeadamente referido na citação. Assim, ainda que o geógrafo humanista tivesse em vista a referência de algum expoente (ou vertente) da fenomenologia no século XX que pudesse subsidiar seu propósito (como poderia ocorrer a partir da filosofia existencialista de Sartre), passar ao largo da incompatibilidade entre o humanismo e o pensamento de Heidegger – no bojo de uma reflexão em que o filósofo é diretamente evocado – não resulta, absolutamente, razoável. Além disso, a mesma citação traz à tona, ainda, inferências que não podem passar incólumes, porquanto afetam direta e negativamente a própria inteligibilidade do assunto em nossa disciplina.

Em primeiro lugar, indicar uma *"carência de traduções e conhecimento de textos-chave de Husserl e Heidegger"* como possíveis causas que teriam limitado a assimilação consistente da fenomenologia no contexto da constituição da Geografia humanista constitui um argumento que, ao menos no que diz respeito à difusão editorial da obra de Heidegger, não encontra respaldo algum. As traduções para a língua inglesa de *Ser e Tempo* e *Carta sobre o humanismo* foram publicadas em 1962 (Hemming, 2013, p. 281; p. 284), disponibilizadas, portanto, praticamente com uma década de antecedência da constituição da Geografia humanista "estadunidense" ganhar vulto. A primeira tradução brasileira de *Carta sobre o humanismo* foi publicada em 1967, como o título abreviado *Sobre o humanismo*[29].

---

[29] Registre-se oportunamente que a primeira tradução brasileira de *Ser e Tempo* foi editada entre os anos de 1985 e 1986, com a publicação segmentada em duas partes, respectivamente, em 1988 e 1989.

Por conseguinte, não faz sentido, ao menos em relação ao caso das publicações de Heidegger, sugerir que a pesquisa fenomenológica, então – à época de constituição da Geografia humanista "estadunidense" –, não dispunha de acesso a textos-chave, mas apenas textos em que "o pensamento espacial" era "embrionário ou inexistente". Esse argumento é infundado pois isso implicaria, por um lado, minimizar o significado de *Ser e Tempo* no "*conjunto da obra*" do filósofo, bem como, por outro lado, significaria subestimar a relevância absolutamente central que o problema do espaço assume para viabilizar formulações fundamentais em *Ser e Tempo*.

Pelo quanto afetam o que está em jogo na recepção do pensamento de Heidegger na ciência geográfica, é preciso destacar e aprofundar, ainda que de modo sintético, uma contraposição às sugestões contidas no texto citado, do geógrafo humanista. A rigor, os argumentos que encerram essa citação induzem uma leitura sobre a pesquisa fenomenológica que, no caso específico de Heidegger, promove, em última instância, uma "trivialização" do significado histórico que *Ser e Tempo* representou no que concerne à filosofia fenomenológica do século XX, pois não haveria publicação que poderia exercer de modo mais emblemático o significado de "texto-chave" entre as publicações do filósofo do que *Ser e Tempo* – que é, por sua vez, sobejamente considerado como representativo da fase de seu pensamento no qual o caráter metodológico da fenomenologia teria sido formulado de forma mais "sistemática", como é possível entrever, ainda que de modo pontual, destacando-se o título do sétimo parágrafo da Introdução de *Ser e Tempo*: "*§7. O método fenomenológico da investigação*", que se tornou uma referência canônica – para dizer o mínimo – para a fenomenologia no século XX. Por sua vez, a discussão sobre o espaço se impõe como absolutamente central, também desde a *Introdução* (!) de *Ser e Tempo*, quando são feitas as indicações prévias acerca do vínculo inexorável entre o *ser-aí* (*Da-sein*) e o *mundo*, que confluem para a descrição do fenômeno "ser-no-mundo" no § 12, no qual o espaço é problematizado como fenômeno originário a partir da exposição preliminar do *existencial* "*ser-em*", antecipando as análises contidas na sequência de parágrafos (§22, §23 e §24) integralmente reservados à descrição fenomenológica da espacialidade do *ser-aí*.

Por sua vez, acolher tese, bastante difundida entre os comentadores e especialistas de Heidegger, segundo a qual no período posterior à fase de *Ser e Tempo* o "problema" do espaço é redimensionado, assumindo uma centralidade que, à época de *Ser e Tempo*, teria sido minimizada pela ênfase dispensada ao tempo, embora possa constituir uma inferência relativamente correta do ponto de vista da interpretação panorâmica da obra do filósofo, não constitui por si um avanço no que respeita à sua assimilação na ciência geográfica. Mesmo a ampliação significativa do número de publicações especificamente dedicadas à "dimensão espacial" em Heidegger, levada a termo no âmbito do debate filosófico contemporâneo por autores como Jeff Malpas, Edward Casey, Ligia Saramago, Theodore R. Schatzki – dentre outros – não significa, necessariamente, uma garantia de que a assimilação da problemática acerca do espaço contida na obra de Heidegger será efetivada de modo mais consistente numa ciência particular, como no caso da Geografia. Ao contrário, essa literatura especializada sobre a "filosofia do espaço" em Heidegger pode até mesmo conduzir a um extravio para a assimilação consistente de seu pensamento acerca do espaço, sendo o suficiente, para tanto, que induza a impressão de que seria possível apreender o significado que o espaço assume na *"fase tardia"* do pensamento do filósofo, preterindo as conquistas da descrição fenomenológica do espaço divisadas em *Ser e Tempo* – que, registre-se, permanecem indispensáveis para a própria inteligibilidade das formulações do pensamento "tardio" do filósofo.

Essas ressalvas são relevantes na medida em que permitem – antes de retomar a análise interpelativa das publicações filiadas à Geografia humanista – redimensionar o cerne da crítica levada a termo neste momento do texto, por meio um argumento mais incisivo, qual seja: se os geógrafos ainda não tiveram condições de apreender a incompatibilidade entre o pensamento de Heidegger e qualquer laivo de humanismo a partir da estudo de *Ser e Tempo* (ponderando a envergadura dessa obra e a inflexão que provocou no pensamento filosófico do século XX) – é de causar espanto que a clareza solar com a qual o próprio filósofo se manifesta na *Carta sobre o humanismo* não tenha sido o suficiente para conter qualquer impulso no sentido de fomentar uma confluência entre uma ciência humanista e seu pensamento. Essa advertência não diz respeito, por sua vez, somente a um problema de interpretação generalista sobre o pensamento do filósofo, mas se articula, especificamente, ao modo com o qual os geógrafos procuraram desenvolver uma interlocução com sua obra em relação ao espaço. E isso por uma razão bastante simples: em consonância ao pensamento do filósofo uma concepção humanista da ciência geográfica (e do espaço) seria necessariamente não fenomenológica, tanto quanto uma ciência geográfica em bases fenomenológicas implicaria, necessariamente, uma problematização do espaço que não é acessível ao modo de pensar típico do humanismo. Dito de modo conciso, e em consonância *estrita* com Heidegger: onde vigora o humanismo não poderia, em última instância, vicejar o método fenomenológico-hermenêutico de investigação e, também, onde vigora esse método não poderia vicejar o humanismo – senão a partir de uma deturpação do significado estrito que o filósofo apreende a fenomenologia e o humanismo.

Considerando essas ressalvas, é bastante razoável entrever que a análise que Marandola Jr. (2013) irá desenvolver ao focalizar a relação entre a fenomenologia e a Geografia humanista – especificamente no contexto da pesquisa brasileira em Geografia – será tributária dos problemas e limitações de sua interpretação ao tratar o assunto sob um enquadramento mais amplo, referente à constituição e desenvolvimento do horizonte humanista em geral. Importa, entretanto – a despeito da miríade de elementos que poderiam ser proficuamente problematizados sob uma perspectiva crítica – concentrar a análise sobre um elemento que até o momento não foi devidamente trazido à tona, qual seja: a ênfase dispensada, nessas publicações, à autoafirmação institucional da Geografia humanista, em detrimento de uma problematização consequente em relação à fenomenologia. Esse elemento vem à tona de modo pregnante na passagem a seguir, na qual o autor oferece o seguinte "balanço" sobre a relação entre a fenomenologia e o horizonte humanista na pesquisa brasileira em Geografia, então, no início da década de 2010:

> "O resultado é muito interessante para pensar. Se até os anos 1990, *o máximo* que esse **horizonte de pensamento** *recebia* nos manuais ou avaliações de história do pensamento geográfico *era* ***uma menção*** aos estudos sobre percepção do meio ambiente oriundas da UNESP de Rio Claro, no últimos anos ***cresce o reconhecimento*** **da abordagem fenomenológica da geografia como um campo consolidado e ativo da geografia feita no Brasil. Mais do que isso, ela aparece nominalmente como o eixo principal, ou seja, como a imagem que esse horizonte está recebendo** [...].

> "Isso acontece, de um lado, **por essa renovação e retomada da discussão da fenomenologia, a qual radicaliza e dá continuidade ao esforço humanista dos anos 1970,** e de outro, pela postura de pensar a fenomenologia na contemporaneidade, **não hesitando em aplicá-la em estudos empíricos.** Há o desenvolvimento de metodologias de trabalho de campo e o esforço de pensar os vários ramos da fenomenologia e suas consequências para a experiência no mundo atual [...].

> "**Em outras palavras,** *ao invés de uma subcorrente* **do pensamento geográfico, apresenta-se como esteio metodo-**

lógico e epistemológico (as vezes até ontológico), para o enfrentamento de temáticas variadas, *a partir de uma perspectiva de ciência humanista contemporânea* [...]. (Marandola Jr., 2013, p. 55-56, grifo nosso).

O que chama a atenção de modo peculiar na citação é que ela revela, de modo patente, que o problema da incompatibilidade entre o humanismo e o pensamento de Heidegger, um dos expoentes da fenomenologia no século XX, é solenemente ignorado, ao mesmo tempo que é reiteradamente pontuada uma série de inferências dedicadas à reafirmação da relevância institucional da Geografia humanista. Não seria exagerado, nesse sentido, propor que o problema substantivo da relação entre a fenomenologia e o humanismo submerge diante do afã de reiterar a pretensa relevância institucional da Geografia humanista. Não é, absolutamente, excessivo sublinhar o caráter pretenso da necessidade de autoafirmação institucional do horizonte humanista – nos termos referidos na citação –, na medida em que a relevância que o geógrafo imputa à Geografia humanista se justificaria em função de uma suposta base fenomenológica que a pesquisa em Geografia humanista teria recentemente conquistado à ciência geográfica. Na medida, contudo, em que a fenomenologia é incompatível com o humanismo – tal como entende Heidegger – toda assertiva dedicada à apologia da Geografia humanista que se efetiva sublinhando sua filiação à fenomenologia "heideggeriana" restaria, necessariamente, inócua e, em função disso, tornam pretensos os argumentos dedicados à apologia de uma Geografia humanista passível de ser fundamentada mediante a filiação à fenomenologia de Heidegger.

Nesses termos, a aspiração à filiação ao pensamento de Heidegger é transfigurado à condição de um meio cuja finalidade precípua é, antes de tudo, exaltar a importância da Geografia humanista – essa atitude é, ela própria, uma pretensão destituída de justificativa, pois ela se faz não somente trivializando o pensamento do filósofo, mas em detrimento desse pensamento. Esse quadro coloca, por sua vez, em suspeição a consistência do desenvolvimento de metodologias para trabalhos de campo e dos estudos empíricos derivados da retomada da fenomenologia (que inclui, como foi observado, a via "heideggeriana"), em curso nos estudos recentes da Geografia humanista que, supostamente, radicalizam e dão continuidade ao esforço humanista dos anos 1970, por uma razão muito elementar, a saber: os referidos "avanços" caminhariam, tal como foram considerados no artigo, passando ao largo da incompatibilidade entre o humanismo e a fenomenologia, incompatibilidade essa trazida à tona por uma referência incontornável à própria inteligibilidade da filosofia fenomenológica no século XX, a saber, Martin Heidegger. Sob esse ângulo de consideração, na medida em que a leitura humanista da fenomenologia constituiria uma transfiguração de base dessa última, derivar dessa leitura a elaboração de metodologias para trabalhos de campo e estudos empíricos na Geografia depõe contra a própria consistência desses trabalhos, na medida em que seriam derivados de um amparo filosófico transfigurado.

Não deve surpreender, portanto, que o enlace argumentativo do autor, à guisa de síntese sobre os rumos da Geografia humanista brasileira, reitere a perspectiva de convergência entre a Geografia humanista e a fenomenologia, a partir de uma exortação institucional desse horizonte na Geografia brasileira, que acaba por se revelar, ao fim e ao cabo – e na falta de outras razões plausíveis –, como a razão fundamental desse tipo de publicação:

> Por que essa mudança de ênfase na fenomenologia é importante? Primeiramente, porque podemos identificar uma mudança na **institucionalização desse horizonte na geografia brasileira:** o que somos acostumados a chamar de geografia humanista, especialmente pela continuidade que identificamos com esses movimentos dos anos 1970, e que por muitos anos teve uma conotação muito negativa nas demais áreas da geografia, ora vista como não-científica, ora como não-política, **hoje parece ter conseguido seu espaço. Isso tem acontecido especialmente pelo esforço epistemológico de continuar o trabalho iniciado, e não acabado, pelos _geógrafos humanistas de constituir uma geografia eminentemente fenomenológica_, razão pela qual o termo fenomenologia, anteriormente não representativo deste coletivo no Brasil, hoje o é** (Marandola Jr., 2013, 56, grifo nosso).

É com base no exposto nessa citação que se entende como pertinente considerar, conforme sugerido anteriormente, que o caráter anacrônico da reincidência de uma interpretação humanista da fenomenologia-hermenêutica de Heidegger se revela como expressão de uma deturpação institucional de uma problemática científica que, por uma série de problemas, poderia ser considerada legítima à Geografia: a relação entre o humanismo e a fenomenologia em Heidegger. Chega-se forçosamente a essa conclusão, pois somente ponderando uma motivação externa à esfera mais intrinsecamente científico-filosófica é possível entender a realização de leituras que promovam uma desarticulação tão profusamente desagregadora em relação aos elementos da problemática em questão.

Esse quadro terá, evidentemente, consequências severas sobre as publicações que, a partir da orientação aqui criticada, foram nomeadamente dedicadas à análise da influência do pensamento de Heidegger na ciência geográfica (Marandola Jr., 2012, 2010); ou, ainda mais especificamente, dedicadas à análise da influência do filósofo sobre obras de geógrafos, tais como, por exemplo, Eric Dardel (Marandola Jr., 2011; Dal Gallo; Marandola Jr., 2015a) e Edward Relph (Marandola Jr., 2016). O problema inerente dessas publicações diz respeito ao fato – que já deve estar evidente – de que elas são dedicadas ao contrassenso de inferir a influência do filósofo na ciência geográfica a partir de uma orientação não apenas diversa, mas frontalmente contrária às resoluções irredutíveis ao seu pensamento.

De modo sintético, essas publicações acabam gerando o resultado contrário àquele que poderia representar uma contribuição efetiva para a inteligibilidade do pensamento de Heidegger na Geografia, pois, ao invés de fomentarem um esclarecimento sobre o seu pensamento a partir da explicitação dos limites com os quais ele foi assimilado no horizonte humanista, o compromisso tácito, previamente estabelecido, de valoração do referido horizonte faz com que se secundarize o entendimento do próprio pensamento do filósofo. Desse modo, o fato de que essas publicações passem ao largo de uma efetiva problematização sobre a relação entre o pensamento de Heidegger e o humanismo na Geografia, constitui, tão somente, a limitação mais evidente (epidérmica) de toda uma série de efeitos problemáticos que acometem publicações desse tipo. Não é exequível, na presente análise, trazer detalhadamente à tona as contradições agudas que essas publicações incorrem, pois o problema de base da leitura humanista possui um efeito multiplicador sobre vários elementos concernentes à interseção entre a ciência geográfica e o pensamento de Heidegger[30].

Não obstante essa ponderação serão trazidos à tona, de forma pontual, alguns desses efeitos em publicações que propuseram analisar a influência do pensamento de Heidegger sobre as obras dos geógrafos Eric Dardel e Edward Relph. Em relação a esse último, destaque-se, à guisa de ilustração, o argumento com o qual é concluída a análise sobre a influência do filósofo no livro de Edward Relph *Place and Placelessness*:

> Se abrimos mão da **autenticidade** enquanto **valor da identidade** e da construção dos lugares, abriremos mão da pos-

---

[30] Para uma análise mais detida desses efeitos consulte-se Reis *et al.*, (2021), que tem como foco a distinção entre formulações *categoriais* e *existenciais*, que será retomada no capítulo 5.

sibilidade de outras formas de existência. E é por isso que manter-se alerta à posição de pastor do ser, assumindo a **função do cuidado**, continua sendo um dos legados mais fortes e perenes que **Heidegger** deixou para nossa era da técnica (Marandola Jr., 2016, p. 14).

De imediato salta aos olhos, nessa citação, que o geógrafo humanista reincida no recurso à conotação subjetivista da noção de "valor", o que – como foi possível observar no início do presente item – é frontalmente rejeitado por Heidegger, como o próprio filósofo externou, de forma cabal, na *Carta sobre o humanismo*. Junto a isso, mesmo livros de comentadores dedicados à introdução ao pensamento do filósofo, fornecem subsídios abundantes no sentido de ratificar que à acepção sugerida às formulações de *"autenticidade"* e *"cuidado"* – empregadas na citação – estão em franco desacordo com o significado que elas possuem na obra de Heidegger: referir-se, por exemplo, ao *"cuidado"* (*Sorge*) como um atributo "moralmente" prescritivo e facultativo, que, portanto, poderia ser ou não assumido – enquanto uma função – é incorrer numa transgressão do significado que o próprio Heidegger imediatamente sublinha quando expõe o significado do fenômeno do "cuidado" em *Ser e Tempo*, a saber: não se trata de uma acepção ôntica-categorial sobre o "cuidado", mas de uma interpretação ontológica do cuidado enquanto um *existencial*, isto é (como será ratificado mais adiante), não se trata de um traço fortuito à existência humana, mas um fenômeno originário que atravessa invariavelmente a dinâmica existencial do *ser-aí* humano. Dito de outro modo: a partir do pensamento de Heidegger não faz sentido prescrever a necessidade de se assumir a "função do cuidado" e, tampouco, a partir disso, alardear uma atitude voluntarista orientada à retificação para uma "construção dos lugares" que se efetivaria com *"cuidado"*.

Por sua vez, as publicações que foram dedicadas à análise da influência de Heidegger na obra de Eric Dardel (Marandola Jr., 2011; Dal Gallo; Marandola Jr., 2015a) não são menos isentas de extravios interpretativos. Destaque-se, nesse sentido, a citação a seguir, extraída do prefácio da edição brasileira do livro *O Homem e a Terra: natureza da realidade geográfica*, na medida em que permitirá constatar, em seguida, o modo bastante peculiar com o qual a inconsistência do diálogo com Heidegger afeta a interpretação da concepção de ciência esposada pelo geógrafo francês:

> **O Homem e a Terra é um típico caso da obra que estava muito à frente de seu tempo**, [...]. Esquecido durante décadas, mesmo na França, onde foi escrito e publicado [...], o

livro, **apesar de ter sido importante no início do projeto humanista da Geografia estadunidense nos anos 1960** (há referências explícitas e implícitas nos trabalhos iniciais dos pioneiros Yi-fu Tuan, Anne Buttimer e Edward Relph, pelo menos), teve sua difusão mais contundente com a publicação italiana em 1986. [...].

[...]

E não poderia chegar em melhor momento. Nas duas últimas décadas o interesse pela reflexão espacial na filosofia tem crescido grandemente, junto com a preocupação epistemológica e (embora mais tímida) ontológica. Aumenta o número de filósofos preocupados com o chamado "problema do espaço", e a maior parte destes está ligada à tradição **fenomenológica. Autores como Martin Heidegger e Gaston Bachelard têm sido evocados como fundamentais para uma filosofia do espaço,** contribuindo para aumentar o interesse da filosofia pela própria geografia. Dardel bebeu tanto de um quanto de outro, além de outros filósofos fenomenologistas, tornando seu livro extremamente atual para essa discussão, bem como as questões sobre o lugar, paisagem e a própria existência, [...].

[...]

Por esses e tantos outros motivos, entendo que a tradução brasileira de *O Homem e a Terra: Natureza da Realidade Geográfica* é um presente para nossas bibliotecas, vindo enriquecer e movimentar um conjunto de discussões que tem **carecido de um olhar humanista que coloque o homem como motivação e parâmetro para a ciência. Não uma ciência antropocêntrica. Uma ciência humanista em seu sentido amplo: fazendo crescer e prosperar tudo que é próprio do ser humano. E se Homem e Terra são uma coisa só, como pensa Dardel, então não há nada mais humanista do que pensar nas relações essenciais que nos ligam a tudo que nos cerca** (Marandola Jr., 2011, p. 11-14, grifo nosso).

Não se tratando, de modo algum, de se desconsiderar o benefício inconteste que representa a tradução do livro de Eric Dardel numa edição brasileira, não é, igualmente, razoável ler o prefácio que lhe foi dedicado sem, todavia, chamar à atenção para o fato de que nele, uma vez mais, é ratificada uma perspectiva de convergência entre o pensamento de Heidegger com o humanismo – ainda que mediatizado pelo livro de Eric Dardel. Contudo, ainda mais instigante é observar que, em nome da manutenção dessa perspectiva, acabe-se por se deturpar a interpretação da concepção de ciência esposada pelo geógrafo francês, como revela-se patente desde o início do primeiro capítulo de seu livro – a propósito, de forma bastante assertiva:

> O espaço geográfico é, por excelência, o oceano diante do qual, escreve Alain, "nossas ideias se separam da coisa e permanecem nas nossas mãos como instrumentos"; essa imensidão que desafia nossas medias e nossas limitações. Ora esse "infinito" é *matéria*.
>
> [...].
>
> Esse espaço material não é, de forma alguma, uma "coisa" indiferente, fechado sobre ele mesmo, de que se dispõe ou que se pode descartar. É sempre uma matéria que acolhe ou ameaça a liberdade humana. Uma região montanhosa não é, antes de tudo, uma região que obstrui a circulação dos homens? A planície só é "vasta", a montanha só é "alta", a partir da escala humana, à medida de seus desígnios. [...]. **Antropocentrismo, dirão!** Mas é necessário tomar partido: fora de uma presença humana atual ou imaginada, não há nem mesmo a geografia física, somente uma ciência vã. **O antropocentrismo não é uma imperfeição, mas uma exigência inelutável** (Dardel, 2011 [1953], p. 8, grifo nosso).[31]

Torna-se indispensável, assim, questionar: o que se revela quando se contrasta o conteúdo do argumento de Dardel, destacado na citação, que revela a concepção de ciência por ele esposada, com a concepção de ciência que lhe foi imputada no prefácio do mesmo livro, contudo, por parte do geógrafo humanista? Como já observado por Reis *et al.* (2021), o geógrafo humanista – a quem coube a responsabilidade de prefaciar a publicação

---

[31] A questão mais relevante não é, por óbvio, reconhecer a influência ou não do pensamento do filósofo no livro do geógrafo francês – tendo em vista que o filósofo é evocado expressamente no livro e, além disso, essa influência é amplamente reconhecida e registrada na historiografia do pensamento geográfico, como consta, inclusive, nos textos anexos da edição brasileira (Besse, 2011; Holzer, 2011; Pinchemel, 2011). Se, contudo, no início dos anos 1950, o geógrafo francês procurou divisar para a ciência geográfica uma via alternativa ao *mainstream* prevalente nessa disciplina à época e, para tanto, colocou efetivamente em curso essa via alternativa através da articulação de um quadro de referência filosófica que, dentre outros, incluía o diálogo com a obra de Heidegger – mesmo isso não deve significar, *a priori*, que a interpretação do geógrafo seja estritamente convergente com resoluções fundamentais ao pensamento do filósofo. Em última instância, a autonomia interpretativa e de adaptação que, eventualmente, Eric Dardel assumiu ao assimilar o pensamento de Heidegger está em perfeita consonância com o perfil de uma "fenomenologia geográfica", no sentido que Pickles (1985) lhe conferiu. Isso, entretanto, não constitui uma razão para não considerar a consistência da interpretação do geógrafo francês, mas uma razão em favor de sondar essa consistência – isso, claro, se o que se tem em vista é a coerência da interpretação do filósofo.

brasileira do livro de Eric Dardel – conseguiu, numa única passagem do prefácio, entrar em contradição simultaneamente com o geógrafo francês e o filósofo alemão, pois a acepção antropocêntrica de ciência requerida por Dardel é, no prefácio de seu próprio livro, *denegada* pelo geógrafo humanista, em favor de uma concepção humanista de ciência que, supostamente, seria conciliável com a fenomenologia de Heidegger.

Não obstante essas contradições flagrantes, importa ressaltar o traço que se considera sobremodo relevante contido no parágrafo anterior: o extravio da interpretação humanista de Heidegger não se limita em comprometer a assimilação do filósofo entre os geógrafos, mas, além disso, em nome da necessidade injustificada de se sustentar essa mesma interpretação compromete-se, até mesmo, a apreensão consistente da concepção de ciência esposada por geógrafos que foram influenciados pelo filósofo, como no caso de Eric Dardel. Trata-se, nada mais, nada menos, do efeito multiplicado de um equívoco de base, qual seja: de permanecer fiel ao condicionamento segundo o qual a fenomenologia de Heidegger coadunaria, necessariamente, com uma concepção humanista de ciência, tendo em vista se valer da influência do filósofo como benefício institucional para a Geografia humanista, malgrado o grau (e o alcance) de deturpação do pensamento de Heidegger (e de geógrafos por ele influenciados).

De fato, em se aprofundando as argumentações e análises críticas precedentes, o que – ao fim e ao cabo – vai se revelando não é, propriamente, um problema de interpretação de questionamentos filosóficos intrincados ou, associado a isso, limitações que envolveriam toda gama de dificuldades que podem, de fato, emergir quando se trata de considerar a intersecção entre uma ciência específica – a Geografia – e o pensamento filosófico. O que se revela é, basicamente, um problema muito mais trivial: trata-se de uma limitação que não diz respeito à capacidade interpretativa, enquanto tal, mas um problema que, para ser resolvido, bastaria que fosse realizada uma leitura atenta dos textos – de Eric Dardel e de Heidegger.

Nesses termos, as análises dos textos no presente item ratificam, cada qual ao seu modo, o sentido com o qual a Geografia humanista promove uma obstrução à assimilação consistente de Heidegger na ciência geográfica, que poderia conduzir à investigação das bases ontológico-existenciais dessa ciência. Essa obstrução, deriva, em grande medida, da deturpação da leitura humanista de seu pensamento que, por sua vez, assenta na necessidade de autoafirmação meramente institucional desse horizonte na ciência geográfica. Face ao que foi explicitado, não seria excessivo reconhecer que essa necessidade premente obseda, comprometendo de forma indelével a interpretação do filósofo nas publicações desse tipo. Em última instância, nessas publicações, não importa o sentido próprio do pensamento do filósofo, tampouco o rigor (ou mesmo o respeito) para com a leitura de seus textos, mas, antes de tudo, importa muito, muitíssimo, requisitá-lo como signo de uma "suposta autoridade filosófica", que, ao ser assim associada à Geografia humanista, lhe conferiria uma "aura" de uma vertente filosoficamente fundamentada no pensamento geográfico.

Assim, a leitura humanista de Heidegger não é apenas inconsequente em relação à exegese filologicamente rigorosa da leitura das próprias obras do filósofo; não é, também, apenas destituída de acurácia para apreender as conquistas que publicações especialmente dedicadas ao assunto divisaram na disciplina – como no caso da obra de Pickles (1985). Tendo em vista, por exemplo, o tratamento rigoroso e consistente que o assunto conheceu no bojo do debate da teoria geral da Geografia – como, por exemplo, contido na contribuição de Gomes (2011; p. 116 – 124) – a leitura humanista de Heidegger exprime, necessariamente, uma falta de preparo básico para lançar mão dos registros estabelecidos no seio do próprio debate teórico-metodológico sobre o assunto na ciência geográfica – o que não se confunde, por sua vez, com um programa de investigação fenomenológica sobre as bases ontológico--existenciais da Geografia por intermédio de Heidegger. Assim, o problema da leitura humanista do filósofo constitui não mais do que uma – ainda que seja a mais flagrante – de toda uma série de limitações e fragilidades que acometem essa "chave-interpretativa" da assimilação do pensamento de Heidegger na Geografia. Esse quadro incita, portanto, a demanda de caminhos alternativos para o diálogo com o filósofo na disciplina.

3.3 A necessidade de encaminhar uma reabilitação do problema da fundamentação ontológica na Geografia a partir da fenomenologia-hermenêutica de Heidegger

Ao término deste capítulo observou-se relevante reforçar em que medida a interpretação prevalente de Heidegger por meio do horizonte humanista acaba por redimensionar, à revelia mesma dessa interpretação, a necessidade de retomar um diálogo com o filósofo, seguindo a via sugerida no título deste item. Junto a isso também se constatou a necessidade de registrar, igualmente, uma ponderação sobre o teor crítico das argumentações desenvolvidas até o momento.

No que diz respeito ao caráter agudo da crítica contida nesse capítulo deve-se reforçar, uma vez mais, que essa mesma crítica não pode, de forma alguma, ser imputada de modo indiscriminado à Geografia humanista *em geral*. A rigor, ela não tem como foco precípuo os estudos dos pioneiros, nem tampouco as contribuições recentes que dão desdobramento ao horizonte humanista na Geografia.

Conforme registrado desde a introdução – e reforçado também no capítulo 1 – o presente trabalho tem clareza quanto ao fato de que a vertente fenomenológica constitui tão somente *"uma"* vertente a partir da qual a Geografia humanista se constituiu, no bojo do movimento de renovação humanista que a disciplina conheceu na década de 1970 e, além disso, a influência de Heidegger constitui apenas uma variante, dentre outras, por meio da qual o recurso à fenomenologia se verificou no horizonte humanista. Nesse sentido, é importante ratificar que o trabalho não projeta crítica alguma em relação à Geografia humanista em si. Para fornecer um exemplo "concreto", bastante ilustrativo, caberia destacar o livro *Humanist Geography: an Individual's Search For Meaning*, de Yi-Fu Tuan, publicado em 2012. A importância desse geógrafo para a gênese da Geografia humanista é inquestionável, tanto quanto as incursões que ele procurou desenvolver em relação à fenomenologia, ao longo da fase de formação da Geografia humanista, também é amplamente reconhecida na história do pensamento geográfico. Além disso, não há dúvida quanto à contribuição que o renomado geógrafo prestou à ciência geográfica com a publicação do livro mencionado. Entretanto, é de fundamental importância observar que, no livro em tela, Heidegger é referido numa única passagem, de forma bastante discreta, tão residual que não se lhe poderia atribuir, de modo algum, nenhuma conotação que aponte no sentido de uma filiação filosófico-metodológica do livro de Yi-fu Tuan ao filósofo. A contribuição que Yi-Fu Tuan permanece oferecendo à Geografia, por meio de sua Geografia humanista, é, entendemos, tão relevante quanto se lhe tornou supérfluo o recurso a uma filiação filosófica estrita. E, sobretudo, a publicação do livro resguarda a coerência do fato de que numa obra cujo título evoque expressamente o humanismo, o pensamento de Heidegger seja senão residual, ou, mais propriamente, supérfluo.

Dessa forma, esses argumentos visam sublinhar que a crítica aguda que atravessa este capítulo e, mesmo, sustenta o núcleo da argumentação desenvolvida no livro se restringe, especificamente, aos trabalhos recentes vinculados à Geografia humanista que tornam problemática – senão efetivamente inviabilizam – uma assimilação consequente de Heidegger na ciência geográfica. Assim, ressalte-se que mesmo quando foram problematizados trabalhos considerados precursores do horizonte humanista (como no caso de Dardel), ou de expoentes da renovação humanista na década de 1970 (como no caso de Relph), eles foram considerados sob *um ângulo* muito particular: no tocante à assimilação do pensamento de Heidegger *em publicações recentes*, que reivindicam a filiação à Geografia humanista.

É em contraposição a esse estado de coisas que o livro propõe uma via alternativa de diálogo com o pensamento de Heidegger, no sentido de encaminhar uma retomada da interlocução dos geógrafos com o filósofo, que se concentraria – de forma radicalmente distinta à posição estabelecida nos estudos filiados ao horizonte humanista – numa reabilitação e resgate do problema da fundamentação ontológica da ciência geográfica a partir da abertura de um campo fenomenológico-hermenêutico de investigação diretamente filiado as diretrizes do pensamento de Heidegger.

Como já pontualmente registrado – e será desenvolvido nos capítulos seguintes – o primeiro passo no sentido dessa reabilitação consistiria, necessariamente, em legitimar a imprescindibilidade do geógrafo assumir a *analítica do ser-aí*, antes das requisições que lhe são usualmente atribuídas na pesquisa aplicada ou no debate epistemológico. Propriamente, como será ratificado mais adiante, compete a *cada* geógrafo que pretenda conduzir uma investigação sobre a fundamentação ontológico-existencial de sua ciência compatibilizar essa investigação com a *analítica do ser-aí*. Essa compatibilização traduziria, igualmente, o "deslocamento" ou, mais propriamente, a "liberação" da investigação ontológica na Geografia do âmbito estritamente teórico-epistemológico para a abertura de um campo propriamente *fenomenológico-hermenêutico* de investigação, tal como Heidegger o considera. Esse campo corresponderia, outrossim, à possibilidade de uma Geografia fenomenológica-hermenêutica que, em grande medida foi *protelada*, dentre outras razões (embora não exclusivamente), também em função da intepretação humanista da fenomenologia *em geral* nessa ciência, permanecendo uma possibilidade *protodesenvolvida* ou que se poderia considerar até mesmo "encoberta", sobretudo no contexto da pesquisa brasileira em geografia[32].

Os capítulos subsequentes são dedicados à demanda sinalizada no parágrafo precedente. Não obstante a legitimidade dessa demanda, deve-se

---

[32] De fato, são poucos os estudos que disponibilizam subsídios para o encaminhamento que se propõe perseguir (Pickles, 1985; Joronen, 2008, 2010, 2011, 2012, 2013; Elden, 1998, 2001, 2004, 2006), entretanto, como o desenvolvimento desse capítulo também deve ter deixado claro, a *quantidade* de publicações não se traduz, necessariamente, na qualidade, podendo, mesmo – com base no que foi possível observar – se conjecturar que é o contrário que efetivamente se constitui.

desde já adiantar que seu desenvolvimento **não** irá conduzir, de modo algum, aos resultados que podem ser considerados usuais na disciplina quando se trata do assunto, quais sejam esses resultados: extrair do diálogo com Heidegger insumo para o debate teórico-epistemológico por meio de analogias formais entre o acervo categorial típico da geografia (espaço, região, lugar etc.) e as formulações do filósofo; ou, muito menos, a partir disso, fomentar a elaboração de metodologias para trabalhos de campo e a execução de pesquisas empírico-aplicadas. Esses encaminhamentos são, com suas múltiplas combinações possíveis, resultados de uma assimilação incapaz de extrair a fenomenologia (*estrito senso*) da submissão ao tratamento teórico (*estrito senso*) que lhe foi caracteristicamente dispensado na Geografia, do qual as publicações recentes na pesquisa brasileira filiada ao horizonte humanista são, por assim dizer, as "vítimas" mais inconsequentes, na medida em que, mesmo lidando reiteradamente com a fenomenologia e, mais especificamente, com Heidegger, não foram capazes de se desvencilhar desse tratamento – ao contrário, *chafurdaram* ainda mais intensamente o assunto sob esse tratamento em nome de um pretexto vão: o *rótulo humanista*.

Dessa forma, foi retardada na ciência geográfica uma possibilidade diversa de provocar o diálogo com Heidegger, que, acaso houvesse sido conquistada, teria, também, disponibilizado o elemento decisivo de toda tentativa de fomentar o significado de seu pensamento no âmbito de uma ciência particular: revolver a problematização das bases ontológicas de uma ciência. Essa possibilidade permaneceu (e permanece!) um âmbito que se poderia considerar pseudoelaborado no tocante à interlocução da ciência geográfica com o filósofo. É para ele que se direcionarão, paulatinamente, os capítulos seguintes. Essa direção, que se encaminha nos capítulos subsequentes, sustenta, igualmente, o teor da resposta fornecida por Kirchner (2007), acerca do propósito do conhecimento fenomenológico em contraponto ao conhecimento regular nas ciências particulares (ou positivas), resguardando uma argumentação pertinente para terminar o capítulo:

> [...] como seria o conhecimento fenomenológico? Segundo a cientificidade que lhe é própria, a ontologia fenomenológica enquanto fenomenologia hermenêutica não progride como acontece nas ciências positivas. Enquanto estas tendem e até mesmo necessitam progredir, à medida que têm clareza de seu objeto (*positum*), a fenomenologia hermenêutica, de uma maneira diversa e inversa, tende e até mesmo *necessita regredir*.

Regressão, contudo, não significa deficiência ou imperfeição. É que ela se orienta por uma outra eficiência da usual e corriqueira. Por isso quer e procura ir às raízes, ao fundamento, à condição de possibilidade do sentido do ser. Fenomenologicamente, dar passos não possui o sentido evolutivo de dar unicamente passos progressivos "para frente". Está em jogo *entrar numa questão e dar um passo para trás*, significa tematização, explicitação, aprofundamento daquilo que norteia e orienta o próprio questionamento. Trata-se de descrever a *originariedade (Ursprünglichkeit)* do fenômeno investigativo. Numa investigação fenomenológica, portanto, está em jogo a própria maneira de dirigir-se à coisa investigada. É decisivo, então, o modo como nos aproximamos do objeto investigado, uma vez que o resultado depende de apreensão e compreensão apropriadas (p. 157-158, grifo do autor).

4

A VIA DE MARTIN HEIDEGGER NA FILOSOFIA FENOMENOLÓGICA

4.1. O projeto filosófico de Edmund Husserl em meio ao problema da teoria do conhecimento no final do século XIX

O filósofo Edmund Husserl é considerado o fundador da fenomenologia. Husserl, matemático de formação, aproximou-se da filosofia assistindo as preleções do psicólogo e filósofo Franz Brentano (1838-1917), a partir de 1882, ano em que defendeu sua tese de doutorado em Matemática. Esse contato com as preleções de Brentano foi fundamental para a elaboração do projeto de uma filosofia fenomenológica na medida em que a noção central da fenomenologia, qual seja, a intencionalidade, foi elaborada a partir do contato de Husserl com essas preleções (Cerbone, 2014).

Ao torna-se professor da Universidade de Halle, onde trabalhou por quatorze anos, Husserl teve suas reflexões ocupadas por uma série de problemas de bases epistemológicas e teórico-científicas. Foram essas reflexões que levaram o filósofo a publicar o livro que fundou o movimento fenomenológico, *Investigações Lógicas,* que foi lançado entre o ano de 1900 e 1901. A importância capital dessa obra para a instauração da filosofia fenomenológica é considerada por Zahavi (2015), nos seguintes termos:

> As *Investigações lógicas* são constituídas por duas partes principais: os *Prolegômenos à lógica pura* (que contêm principalmente a crítica ao psicologismo) e as seis *Investigações sobre a fenomenologia e teoria do conhecimento* (cujo ponto central se encontra a análise da intencionalidade). No prefácio a esta obra, Husserl descreve de maneira breve a meta que ele tinha se imposto. Ele designa as *Investigações lógicas* como uma nova fundamentação da lógica pura e da teoria do conhecimento [...]. O seu interesse particular estava voltado, nesse caso, para o status da lógica e para as condições de possibilidade de um conhecimento e de uma teoria científica. O conceito de teoria do conhecimento, do qual Husserl faz

uso nas *Investigações lógicas*, distingue-se, contudo, um pouco do conceito de resto usual. Para Husserl, a principal tarefa da teoria do conhecimento não consiste em investigar se (e como) a consciência pode alcançar o conhecimento de uma realidade efetiva independente da consciência. Precisamente estes tipos de questões, assim como todas as questões sobre se há ou não uma realidade efetiva exterior, são designadas por Husserl como *questões metafísicas*, que não têm nenhum lugar na teoria do conhecimento [...]. Dito de maneira mais geral (e isto tem um significado central, quando o que está em questão é compreender o conceito inicial husserliano de fenomenologia): Husserl não gostaria de se prender a uma metafísica determinada, seja ela realista ou idealista. Ao invés disto, ele gostaria antes de tratar de questões formais de estilo kantiano, em particular daquelas que dizem respeito às condições de possibilidade do conhecimento" (p. 13-14, grifo do autor).

Consoante a citação, torna-se importante considerar o contexto no qual se deu sua publicação, na medida em que, para muitos estudiosos da fenomenologia, pode-se considerar que é a partir da fundação da fenomenologia na referida obra que a filosofia teria encontrado,

[...] uma possibilidade de enfrentar os dilemas que se fizeram presentes para ela [a filosofia em geral] a partir do final do século XIX, dilemas esses relativos à autonomização das ciências particulares, à consequente perda de unidade do fazer filosófico e à suspeita cada vez mais recorrente de que a ciência, sob o paradigma metodológico das ciências naturais positivistas, se mostraria como a única via capaz de estabelecer conhecimentos rigorosos e dotados de conteúdo acerca da realidade efetiva, faltando à filosofia toda e qualquer possibilidade de escapar sozinha do beco dogmático no qual ela mesma tinha tradicionalmente se enfronhado. No final do século XIX, com o advento do positivismo, do psicologismo e mesmo do naturalismo em geral, a única opção que parecia restar à filosofia era o seu status de saber meramente "literário", com o claro acento valorativo de que um saber "literário" não poderia representar em última instância saber algum. Foi contra tal posição, então, que se levantou o projeto fenomenológico husserliano, na medida em que Husserl tornou possível perceber até que ponto o problema fundamental da tradição estava justamente no modo como a tradição, sem levar em conta suas muitas diferenças, se postou teoricamente em relação ao ser dos entes em geral [...] (Casanova, 2013b, p. 76).

O contexto do debate filosófico no final do século XIX, no qual emerge o projeto husserliano de uma filosofia fenomenológica, tinha como base, fundamentalmente, o estatuto de resolução filosófico legado pela tradição do pensamento filosófico no que concerne às condições de possibilidade do conhecimento e, por conseguinte, dos critérios de legitimidade da própria teoria do conhecimento moderno. Esse contexto poderia ser caracterizado, de forma bastante sintética, como sendo tributário do próprio modo com o qual

> [...] a tradição buscou incessantemente alcançar o momento em que o caráter de crença inicial se suspenderia e a verdade sobre os entes poderia ser conquistada definitivamente de uma vez por todas. O problema, contudo, é que essa pretensão de suspensão definitiva do caráter inicial de crença das hipóteses (crenças) investigadas implica a presença inexorável de hipostasias que jamais permitiam a justificação última das crenças. Na verdade, enquanto crenças (hipóteses) justificadas por argumentos, as teorias trabalham incessantemente a partir de posicionamentos ontológicos, a partir da suposição de que aquilo que se encontra diante de nós como objeto de um conhecimento possível possui uma determinação específica em seu ser e de que seria possível atingir o ser dos objetos por meio de um procedimento lógico-racional de determinação desse ser. Aqui, porém, reside propriamente o problema. No momento em que pressupomos o conteúdo ontológico de algo e nos dispomos, então, subsequentemente a conhecê-lo, toda uma série de problemas imediatamente vem à tona. Se pressupomos por um lado que o ser dos objetos se encontra em algum lugar dado na realidade, vemo-nos diante da necessidade de encontrar uma via de acesso a esse ser real. De qualquer modo, contudo, todas as nossas tentativas de alcançar o ser real dos objetos sempre acaba por produzir uma contaminação desse seu ser e por se mostrar, consequentemente, como inviável. Se, por outro lado, pressupomos o universal como algo que alcançamos a partir de um arranjo específico de nossas faculdades cognitivas, como um resultado da economia de meu psiquismo, então não conseguimos escapar em última instância da suspeita de que tudo pode não passar de uma ilusão subjetiva, de um "sonho coerente" como diz Husserl em uma passagem central de suas *Meditações cartesianas*. **Superar as hipostasias realistas e idealistas do universal, com isto, passar a pensar em primeiro lugar a tarefa fundamental do projeto fenomenológico husserliano diante da ameaça iminente à subsistência da própria filosofia.** Exatamente uma tal superação é o

que Husserl pensa ter alcançado por meio da descoberta da essência intencional dos fenômenos de consciência em geral (Casanova, 2013b, p. 76-77, grifo do autor).

A intencionalidade como noção central da fenomenologia foi proposta por Husserl como alternativa ao problema da teoria do conhecimento que, basicamente, consistia na questão de como dois entes distintos, quais sejam, o sujeito e o objeto, poderiam entrar em ligação um com o outro. Esse problema se dá na história da filosofia pelo antagonismo entre realismo e idealismo. Sendo assim, pode-se considerar como traço geral da intencionalidade o elemento propriamente fenomenológico da consciência intencional, ou seja, dizer que a consciência é intencional é dizer que a consciência é sempre consciência de algo. Dessa forma, afirma-se que a consciência intencional está sempre voltada para fora e inexoravelmente referida a algum objeto.

> [...] Não se ama, teme, vê ou julga meramente, ama-se algo desejável, teme-se algo ameaçador, vê-se um objeto e julga-se um estado de coisas. Independentemente de se o que está em questão é minha percepção, meu pensar, meu julgamento, minha representação, meu duvidar, minha expectativa, minha lembrança etc., todas essas formas de consciência são determinadas pelo seu tender para o interior (in-tendere) de objetos, e não se pode falar deles, sem inserir aí concomitantemente o seu correlato objetivo, isto é, o percebido, o duvidado, o esperado etc. (Zahavi, 2015, p. 22).

Assim, a fenomenologia, por meio da intencionalidade, procurou revelar a consciência intencional como algo anterior à própria cisão moderna entre sujeito e objeto. Com base na intencionalidade, a fenomenologia buscaria dar conta do problema presente na teoria do conhecimento moderno, pois

> [...] Não se trata de maneira alguma de um problema para o sujeito alcançar um objeto, uma vez que o sujeito é *per se* autotranscendente, isto é, ele está *per se* dirigido para algo diverso dele mesmo. No caso da percepção, esse algo diverso é justamente o próprio objeto, e não uma imagem ou uma cópia dele (Zahavi, 2015, p. 33, grifo do autor).

No mesmo sentido, é oportuno destacar uma contribuição da literatura secundária que dispõe uma introdução ao pensamento de Husserl na qual é trazida à tona, de forma bastante arguta, o vínculo inextrincável entre o cerne do projeto fenomenológico husserliano com o germe de sua compreensão da intencionalidade, como via radicalmente diversa do sentido, até então usual, à *teoria do conhecimento* na virada do século XIX para o XX, tal como segue:

[...] A postura teórica natural trabalha incessantemente com hipostasias, ou seja, ela pressupõe incessantemente de maneira ingênua que o ser e o sentido dos objetos se encontram de algum modo previamente dado neles mesmos ou que eles podem ser de alguma forma acessados no espaço ideal por meio de nosso aparato cognitivo. O problema dessa suposição é que ela inviabiliza na origem toda e qualquer apreensão afetiva do universal, uma vez que nunca consegue escapar das inexoráveis aporias que acompanham as hipostasias. A fenomenologia husserliana não repete o gesto hipostasiante da tradição, mas exige inversamente de nós desde o princípio um abandono radical de tal gesto. A fenomenologia suspende desde o início o comportamento por ela denominado de natural, e se atém fundamentalmente à dinâmica de realização dos atos de consciência, dinâmica essa sobre a qual agora ela reflete. No momento em que reflete sobre esses atos, então, ela descobre aquilo que Husserl denomina nas *Meditações Cartesianas "o reino descomunal da experiência transcendental de si"*. Na verdade, a redução da consideração ao próprio campo de realização dos atos de consciência não nos deixa completamente vazios, mas, ao contrário, nos abre de imediato para o acontecimento mesmo dos correlatos de tais atos. Esses atos são **intencionais, porque eles não surgem de nenhum posicionamento por parte do sujeito dos atos, mas antes se dão por si mesmos como extensão imediata dos atos. Como não é possível perceber, por exemplo, sem que o percebido apareça e como percebido, em meio à suspensão da subjetividade posicionadora, não é instituído por essa subjetividade, mas se dá por si mesmo como um correlato do perceber, a própria dinâmica do perceber traz consigo um movimento tendencial para o interior** (in-tendere) **do campo do percebido, sem o qual o percebido não se tornaria experienciável, mas que não transforma, por isto, o percebido em um construto do perceber.** Husserl nos mostra, assim, que o reino transcendental dos correlatos intencionais é dotado de um grau de evidência absolutamente indubitável; e isto porque o que acontece no interior desse reino não é estabelecido pela consciência. A consciência fenomenológica não estabelece, representa, institui, julga, justifica ou avalia os objetos que se lhe apresentam como contrapostos. [...], ela simplesmente se encontra aberta para o campo de mostração desses objetos. No momento em que um ato de consciência [fenomenológica] se dá, ele nunca se esgota em si mesmo, mas sempre se estende ao mesmo tempo para o campo fenomênico de

> aparição dos objetos correlatos e justamente isso faz com que não se possa pensar a possibilidade de que o objeto não se mostre aí tal como ele é nele mesmo. **A descoberta de Husserl da intencionalidade é no fundo a descoberta do caráter transcendente dos atos de consciência,** uma transcendência que torna uma vez mais possível o resgate da determinação específica dos fenômenos para além da dicotomia entre essência e aparência (Casanova, 2013b, p. 79-80, grifo nosso).

Aqui cabe ainda ponderar sobre alguns elementos que estão sendo trazidos à tona sobre a intencionalidade no pensamento de Husserl. A intencionalidade foi largamente demonstrada pelo filósofo na segunda parte de *Investigações Lógicas,* livro que se constitui como seis "Investigações sobre a fenomenologia e teoria do conhecimento". A virada para a fenomenologia transcendental, fruto da compreensão de Husserl de uma insuficiência de uma fenomenologia puramente descritiva, na obra *Ideias para uma fenomenologia pura e para uma filosofia fenomenológica* (1913), trouxe, no âmbito da fenomenologia transcendental, discussões novas tais como a *epoché* e a *redução fenomenológica* (Zahavi, 2015). Dito isso, é preciso esclarecer que não haverá um aprofundamento dos significados dessa virada para a fenomenologia transcendental no presente livro, porquanto um encaminhamento dessa ordem extrapolaria em muito seu escopo mais precípuo. O que se poderia considerar a esse respeito, de forma bastante generalista, seria a distinção entre a fase tardia dos escritos de Husserl em relação às *Investigações Lógicas:*

> Uma diferença marcante entre as *Investigações lógicas* e os escritos tardios de Husserl é o fato de que o filósofo se conscientizar em um grau cada vez maior do significado filosófico fundamental da fenomenologia. A fenomenologia é apresentada como uma nova ciência crítica e rigorosa e Husserl vê sua tarefa em um desentranhamento e uma investigação de todas as suposições fundamentais e de todos os pressupostos, que são feitos pelas ciências positivas (objetivas, dogmáticas). O acento husserliano na cientificidade da fenomenologia, contudo, não é nenhuma tentativa de apagar a diferença entre filosofia e ciência positiva, mas uma mera expressão de sua convicção de que a fenomenologia está comprometida com um ideal ao qual as ciências positivas não têm como fazer frente, uma vez que elas perdem de vista, em sua orientação exclusiva pela conquista de resultados sempre novos, a possibilidade de se voltar para os seus próprios pressupostos

epistemológicos e metafísicos. A tarefa da fenomenologia é tematizar e clarificar as questões filosóficas fundamentais, que dizem respeito ao ser e à essência da realidade efetiva [...] (Zahavi, 2015, p. 66, grifo do autor).

Foi para atender essa demanda intrínseca da fenomenologia, que consistiria, portanto, numa orientação de suas investigações para as questões fundamentais das ciências, que as formulações de *epoché* e *redução* foram desenvolvidas por Husserl no âmbito de sua fenomenologia transcendental. Essas formulações buscaram dar conta do problema identificado pelo fenomenólogo que consistia, basicamente, no entendimento de que na vida cotidiana a existência humana se daria, via de regra, a partir da crença de que a "realidade" seria dotada de uma autonomia de existência em relação à consciência, ou seja, a partir da crença segundo a qual a realidade efetiva seria independente da consciência, da experiência e da teoria. Essa crença faz com que, a princípio e na maioria das vezes, a atitude diante da realidade seja conduzida por pressuposições, uma vez que, na condição de crença, não demandam esclarecimento ulterior e, via de regra, não são sequer efetivamente questionadas. Essa atitude é o que caracterizaria propriamente toda e qualquer pressuposição, na medida em que, enquanto tal, prescindiria igualmente de toda e qualquer investigação dirigida aos seus critérios de validade. Essas pressuposições, que seriam aceitas de forma irrefletida pelas ciências positivas – e na dinâmica da vida cotidiana pré-teórica – foi denominada por Husserl de atitude natural. De maneira resumida, pode-se afirmar que a *epoché* e a *redução* são o esforço de suspensão dessa *atitude natural* que aspira promover, assim, um modo distinto de aproximação da realidade efetiva (Zahavi, 2015).

Não é nosso objetivo avançar nesses elementos da fenomenologia husserliana, mas, antes disso – tendo como base o foi exposto até aqui –, registrar que do projeto fenomenológico inaugurado por Husserl se articula com dois elementos fundamentais à problemática do presente livro. De um lado, a associação da tarefa da fenomenologia com a investigação da fundamentação das ciências positivas, que abre, assim, o debate sobre a relação entre a fenomenologia e a ontologia. De outro lado, a relação convergente entre fenomenologia e ontologia permite entrever, em meio aos desdobramentos do movimento fenomenológico no século XX, a marca insigne que o pensamento de Martin Heidegger imprimiu na filosofia fenomenológica por meio do projeto de sua *Ontologia fundamental*[33]. O modo com o qual se estabeleceu essa associação entre fenomenologia e ontologia, tomando como referência principal dessa associação o pensamento de Martin Heidegger, será considerado a seguir.

4.2. A peculiaridade da fenomenologia em Martin Heidegger

4.2.1. A assimilação do elemento hermenêutico à filosofia fenomenológica

Para se considerar em que medida Heidegger se apropriou do programa fenomenológico husserliano é preciso acompanhar o início do caminho dessa apropriação. Para tanto, pode-se seguir a sugestão de Casanova (2013a, p. 40, grifo nosso), para quem,

> [...] podemos dizer que três são os elementos do projeto feno-menológico husserliano que interessam de início efetivamente a Heidegger: em primeiro lugar, a noção de **intencionalidade**; em segundo lugar, a noção de **redução** ou επoχη [epoché] **fenomenológica** e, em terceiro lugar, o lema husserliano **"rumo às coisas mesmas"** [...].

Neste item, pretende-se seguir – a partir da interpretação desenvolvida pelo autor citado – a maneira pela qual se efetivou a assimilação desses elementos do programa husserliano no projeto filosófico de Heidegger, procurando salientar o redimensionamento que esse último imputou ao programa fenomenológico inaugurado por Husserl. Sobre isso, Casanova (2013b) sugere que uma peculiaridade de base que caracterizaria a apropriação da fenomenologia husserliana por Heidegger estaria associada a uma radicalização que esse último submete a intencionalidade, por meio de uma problematização hermenêutica da formulação dessa noção:

> Heidegger acentua a princípio a presença de um pressuposto no próprio modo de formulação da intencionalidade levada a

---

[33] Como brevemente foi demonstrado no capítulo 1, os desdobramentos da fenomenologia no século XX levaram a caracterizá-la como um "movimento filosófico" que contou com importantes expoentes como Martin Heidegger e Max Scheler na Alemanha. Houve, ainda, outros pensadores da ala francesa de fenomenologia, como Emmanuel Lévinas, Jean-Paul Sartre, Maurice Merleau-Ponty e Paul Ricoeur. Portanto, pode-se considerar que foi na Alemanha e na França que se desenvolveram as perspectivas mais fortes do movimento fenomenológico. Outros países, como os Estados Unidos e a Inglaterra, tiveram filósofos fenomenólogos, no entanto, suas obras são tributárias dos pensadores alemães ou franceses (Sokolowski, 2012).

termo por Husserl. Ao se ver diante da necessidade de encontrar uma solução para o problema das hipostasias realistas, idealistas e psicologizantes do universal, hipostasias essas geradas antes de tudo pelo modelo teórico da tradição, pela tentativa de justificação argumentativa e/ou lógico-causal de hipóteses inicialmente estabelecidas em relação ao ser do ente em questão e pela separação entre ser e aparência daí decorrente, Husserl descobre tal solução na noção de intencionalidade. Em verdade, a intencionalidade abre uma possibilidade de pensar uma relação imediata e intuitiva com o universal, uma vez que não nasce de nenhum posicionamento ontológico do universal, mas antes de uma supressão radical de todos os posicionamentos em geral. A questão é que, ao buscar determinar originariamente a intencionalidade, Husserl acaba acolhendo o modo tradicional de posicionamento do problema, as perspectivas antes de tudo modernas de recorte do problema e a conceptualidade sedimentada com a qual o pensamento filosófico vinha há muito tratando o problema. Em outras palavras: para Heidegger, ao pensar a intencionalidade a partir da estrutura sujeito-objeto, a partir do binômio atos de consciência/campos correlatos de objetos, ao falar de vivências intencionais e de conteúdos ideais das vivências, Husserl é vítima de uma última ingenuidade residual: a **ingenuidade hermenêutica** de pensar que é possível suspender todos os posicionamentos ontológicos simplesmente por meio de uma vontade, por meio de uma concentração da atenção e de uma retenção do comportamento reflexivo-descritivo como o comportamento fenomenológico por excelência [...] (Casanova, 2013b, p 80-81, grifo nosso).

Por mais que a noção de intencionalidade de Husserl tenha conduzido seu pensamento para a necessidade de suspender todos os pressupostos da atitude natural – por meio da redução fenomenológica –, ainda assim, para Heidegger, a própria formulação da noção de intencionalidade ainda se movimentaria em um horizonte histórico interpretativo específico, isto é, um horizonte hermenêutico prévio de consideração dos problemas filosóficos da modernidade. É nesse sentido que Casanova (2013a) ressalta que a noção de intencionalidade, tal como formulada por Husserl, permaneceria para Heidegger refém da uma "ingenuidade hermenêutica", derivada da interferência do horizonte histórico sedimentado nas formulações husserlianas, que se manifestaria, por exemplo, na correlação concebida por Husserl entre atos intencionais e objetos intencionados – isto é, uma estrutura correlata àquela vigente na *relação sujeito e objeto* típica da cientificidade moderna.

Essa interpretação da intencionalidade promovida por Heidegger acabou levando o filósofo a outro modo de apropriação da redução fenomenológica: a assimilação da "redução fenomenológica" foi convertida por Heidegger enquanto procedimento que corresponderia ao foi por ele designado "destruição ontológica". Por meio desta, Heidegger procurou problematizar e suplantar a *"ingenuidade hermenêutica"* que teria acometido a formulação da intencionalidade husserliana, visto que,

> [...] ao suspender o comportamento natural da consciência e procurar descrever os seus campos intencionais, Husserl não consegue escapar de toda e qualquer pressuposição e encontrar um âmbito transcendental puro, mas acaba por recair em uma absorção inopinada de uma conceptualidade tradicional estabelecida. Para fugir a esta absorção, é preciso pensar de outro modo a εποχη [epoché]. Na verdade, é só como **destruição** da conceptualidade tradicional que a suspensão pode ser efetivamente pensada (Casanova, 2013a, p. 49, grifo nosso).

Portanto, a redução fenomenológica foi conduzida por Heidegger a uma radicalidade que envolveria a problematização do próprio horizonte histórico hermenêutico sedimentado. Assim, a "redução fenomenológica" passa a ser problematizada como uma forma de "destruição" das estruturas hermenêuticas prévias de interpretação dos problemas filosóficos[34] legadas pela tradição; e é precisamente sob esse significado "metodológico" que a destruição ontológica deve ser apreendida em Heidegger:

> Toda e qualquer reflexão acerca de problemas filosóficos em geral já sempre se encontram imersa em estruturas hermenêuticas prévias que determinam incessantemente o modo de desenvolvimento mesmo dessa reflexão. Toda investigação teórica pressupõe uma **posição prévia**, uma **visão prévia** e uma **conceptualidade prévia**. A **posição prévia** aponta para a configuração atual do problema e para as decisões históricas que foram dando os contornos específicos desse problema: nós nunca nos aproximamos do zero de um problema, mas sempre vamos ao encontro do problema a partir de uma posição na qual ele já se revelou para nós. A **visão prévia** define, por sua vez, a perspectiva estruturadora capaz de promover a possibilidade de um recorte particular do

---

[34] A forma pela qual Heidegger irá se apropriar da hermenêutica será demonstrada no próximo item. No entanto, é interessante mencionar que o movimento de requalificação promovido pelo filósofo das noções da fenomenologia husserliana já possuíam como horizonte de problematização questões de cunho hermenêutico (Gadamer, 2012).

> problema: um problema nunca se acha apenas dado com uma determinada configuração, mas também é incessantemente abordado a partir de possibilidades de tratamento. Por fim, a **conceptualidade prévia** designa os termos centrais que acompanham invariavelmente o problema. Essas estruturas prévias da interpretação se inscrevem radicalmente nos mais diversos questionamentos e lhes entregam ao mesmo tempo uma aparência de obviedade e consistência. Na medida em que se permanece sob o domínio de tais estruturas prévias, porém, não se alcançam os fenômenos originários aos quais os diversos problemas remetem, nem se pergunta sobre a condição de possibilidade mesma de tais problemas [...] (Casanova, 2013a, p. 49, grifo nosso).

Essa transformação da redução fenomenológica em destruição ontológica tem em vista o esforço de Heidegger para restituir a gênese originária da constituição dos problemas filosóficos. Dessa forma, o sentido próprio da formulação da destruição ontológica não pretende, de modo algum, desconsiderar a importância da tradição do pensamento filosófico – muito pelo contrário, ela corresponde à busca de uma alternativa para relacionar-se com ela a partir de uma apropriação radical, de tal modo que seja possível ir além das estruturas prévias de interpretação –, que já sempre orienta o modo de aproximação e investigação dos conceitos fundamentais – liberando, assim, o acesso aos fenômenos originários a partir dos quais os conceitos são formulados, e que dormitam sob todo horizonte histórico hermenêutico sedimentado. A destruição proposta por Heidegger acaba por repercutir a assimilação do lema *"rumo às coisas mesmas"*, canônico para a fenomenologia, na medida em que:

> O que Husserl tem em vista com o seu lema "rumo às coisas mesmas" aponta para a constituição originária dos campos intencionais, ou seja, dos campos formados a partir das relações imanentes entre a consciência pura e seus objetos específicos. Para Heidegger, porém, o discurso acerca de tais relações puras e imanentes acaba por envolver uma última ingenuidade, uma vez que continua trabalhando com a concepção sedimentada da tradição. Ao empreender a suspensão fenomenológica e buscar superar o modo como inicialmente conhecemos e intuímos os fenômenos em geral, Husserl continua sob o domínio da facticidade e de suas estruturas prévias: ele continua se valendo da semântica sedimentada que constitui a visão de mundo própria ao seu tempo e é somente essa semântica que lhe permite colocar em questão

tudo aquilo que ele coloca em questão e seguir os modos de resolução dos problemas que ele efetivamente apresenta. [...] (Casanova, 2013a, p. 52).

O significado da *"destruição"*, tal como formulada por Heidegger, acaba trazendo ao *lema rumo às coisas mesmas* a necessidade de uma nova postura para a investigação em bases fenomenológicas, a saber: que tenha clareza quanto ao fato de que as relações intencionais da consciência estão, invariavelmente, imersas no mundo histórico-fático no qual elas surgem, isto é, no mundo histórico sedimentado legado pela tradição filosófica e sua hermenêutica correlata. Essa nova postura fenomenológica deve se guiar pelo entendimento segundo o qual,

> [...] Não é mais no interior das relações imanentes da consciência que as coisas se mostram tal como elas são em si mesmas. Ao contrário, elas só se revelam de um tal modo, quando o *ser-aí* [Da-sein] cognoscente se coloca efetivamente no interior do horizonte mundano originário de uma tal mostração e empreende no mundo fático que é o dele uma recondução dos diversos questionamentos em geral ao solo histórico de sua proveniência, considerando ao mesmo tempo criticamente os pressupostos que orientaram a formação de um tal campo de problemas. Dizer isto, no entanto, equivale a dizer que nós nunca encontramos as coisas mesmas em relações *a priori* dadas na consciência pura e em suas vivências transcendentais, mas que só as encontramos em uma análise crítica dos pressupostos vigentes em nossos questionamentos em geral. E não para superar completamente todos os pressupostos, mas para encontrar o ponto de ligação entre a gênese dos pressupostos e as possibilidades ontológicas do próprio *ser-aí* [...] (Casanova, 2013a, p. 52-53, grifo do autor).

É nesse sentido que se poderia considerar que Heidegger buscou radicalizar o achado da consciência intencional husserliana (bem como as formulações de Husserl que "orbitam" tal achado, tais como "pessoa", o "eu fenomenologicamente reduzido" etc.) por meio da descrição fenomenológica de uma instância mais originária do *ser-aí* (ou ex-sistente) humano, na medida em que

> [...] Para Heidegger, é preciso superar de uma vez por todas o encurtamento produzido pela compreensão subjetiva da intencionalidade por Husserl e rearticular o problema da intencionalidade para além de tal encurtamento. Isso signi-

fica dizer que o homem precisa ser assumido radicalmente como dinâmica intencional não subjetiva e que o eu precisa ser reconhecido em sua insuficiência para dar conta do que o homem propriamente é. Em outras palavras, o homem não se mostra mais agora como sujeito, mas vem à tona pela primeira vez efetivamente como uma mobilidade estrutural e nada além disso. Ora, mas se o homem não é mais nem mesmo sujeito dinâmico, então não se pode dizer senão que ele é performance. Uma performance sustentada por uma total indeterminação ontológica originária. Antes da dinâmica de realização de si, o homem não é outra coisa senão poder-ser, senão possibilidade (Casanova, 2013b, p. 83).

Outrossim, é junto à radicalização e problematização hermenêutica dirigida à formulação husserliana da intencionalidade que se impôs para Heidegger a necessidade de modular o modo mesmo de referir ao ente humano, não mais como homem, pessoa, eu, sujeito etc. (e toda carga significativa que essas noções trazem consigo) mas como *ser-aí* (*da-sein*), tendo em vista a

[...] necessidade de pensar a intencionalidade para além do horizonte interpretativo sedimentado da tradição e suspender até mesmo a última hipostasia ainda vigente: a hipostasia hermenêutica que fazia com que se pressupusesse a intencionalidade como determinável no interior do quadro conceitual da subjetividade moderna. Essa suspensão equivale agora a suprimir da noção de realização todo e qualquer conteúdo subjetivista, toda e qualquer noção de um princípio realizador de um ato intencional. Formulado de maneira ainda mais explícita, uma tal suspensão implica a imersão plena do eu na própria dinâmica de realização dos atos intencionais. Quando isso acontece, porém, surge imediatamente a necessidade de afastar toda e qualquer distância entre **o ser do homem** e essa dinâmica **e a reestruturar**, ao mesmo tempo, **a própria noção de intencionalidade** tanto **quanto os modos tradicionais de compreensão de tal ser. Não faz mais sentido falar do homem agora como pessoa, porque a pessoa ainda guarda em si um resquício de uma subjetividade onticamente determinável,** de uma presença à vista acessível por meio de suas propriedades por si subsistentes [...]. **Ao contrário, é preciso considerar agora o homem agora como pura possibilidade** [poder-ser]. **Exatamente isto, porém, vem à tona em meio ao pensamento heideggeriano por meio da noção de *ser-aí*.**

O conceito heideggeriano de *ser-aí* não é simplesmente mais um termo para designar o que o homem é. Ao contrário, ele é o resultado de um aprofundamento e radicalização da noção husserliana de pessoa. (Casanova, 2013b, p. 82).

Considerar o *ser-aí* humano como *poder-ser*, como possibilidade, resulta de uma perspectiva de interpretar o ser humano que não se verifica mediante uma determinação quididativa, ou seja, por uma determinação de sua substância, fundamento ou essência. Ao dizer isso, indica-se de modo indireto que o *ser-aí* é constituído por uma nadidade estrutural, isto é: o *ser-aí* é puro poder-ser (Casanova, 2013b). Sendo assim, todo o movimento de apropriação da fenomenologia promovida por Heidegger trouxe à tona o próprio *ser-aí* humano enquanto uma radicalização da noção husserliana da intencionalidade (Carneiro-Leão, 2007). É em meio a esse achado heideggeriano do *ser-aí* humano como puro poder-ser que a hermenêutica se insere no projeto filosófico da fenomenologia "heideggeriana" – que se constitui, por isso precipuamente como uma "fenomenologia-hermenêutica". No entanto, somente por meio da assimilação da transformação que o filósofo também submeteu à tradição hermenêutica é possível esclarecer de que modo essa transformação se articula com o significado da formulação do *ser-aí* humano. De forma bastante sintética e generalista, seria possível antecipar – como será evidenciado no próximo item – que a peculiaridade da fenomenologia "heideggeriana" assenta na articulação, promovida pelo filósofo, entre a tradição fenomenológica fundada por Husserl com a tradição da filosofia hermenêutica.

4.2.2 A fenomenologia-hermenêutica de Heidegger

No que concerne à relação que Heidegger desenvolveu com a tradição da filosofia hermenêutica, importaria focalizar, sobretudo, a retomada que o filósofo fomentou da noção de *compreensão* legada pela tradição hermenêutica de Friedrich Schleiermacher (1768-1834) e Wilhelm Dilthey

(1833-1911)[35] conduzindo a referida noção a um novo significado e, mesmo, estatuto ontológico – na medida em que irá inserir a compreensão na própria dinâmica existencial de realização do *ser-aí* humano. Dessa forma, a compreensão se torna um "[...] traço estrutural do projeto existencial de todo e qualquer *ser-aí*, dando ao mesmo tempo um tratamento fenomenológico à *compreensão hermenêutica* (Casanova, 2013b, p. 88, grifo nosso). Dito isso, a questão que se impõe é: em que medida a *compreensão* se articula com a dinâmica existencial do *ser-aí* humano? Uma resposta para essa questão pode ser apreendida acompanhando a seguinte exposição:

> O ser-aí precisa necessariamente **projetar** o campo existencial no interior do qual ele pode desdobrar o poder-ser que ele é. Essa **projeção** não pode ser empreendida por nenhuma faculdade particular originária do ser-aí, porque o ser-aí não possui nenhuma propriedade originária. Ao contrário, essa **projeção** precisa acompanhar intencionalmente a própria mobilidade estrutural do fenômeno ser-aí. Existir precisa significar aqui desde o princípio **projetar** o campo existencial no interior do qual a existência pode ser. O mundo enquanto um tal campo existencial historicamente constituído fornece neste caso as orientações para os nossos comportamentos em geral, mas não é suficiente para instituir por ele mesmo os acentos de cada existência [...]. Exatamente por isto, é preciso pensar em um elemento em virtude do qual [...] a existência conquista tal direcionalidade. Esse elemento aponta não para significados do mundo, mas para sentidos da existência ela mesma. O **projeto** que instaura, então, o horizonte globalizante a partir do qual todos os comportamentos do ser-aí se mostram como possíveis, na medida mesmo em que ele é marcado por uma abertura de sentido, é denominado por Heidegger de **projeto compreensivo** [...] (p. 88, grifo nosso).

O projeto compreensivo do *ser-aí* indica que existir já é sempre se movimentar em meio a um "âmbito" compreensivo (ou "abertura") no qual o próprio *ser-aí* humano descerra suas possibilidades de ser e no qual –

---

[35] Segundo Gadamer (2012, p. 16), esses foram os motivos que conduziram Heidegger à hermenêutica: "[...] não se tratava mais de ciência e de sua justificação epistemológica, nem tampouco da extensão magistral das análises apriorísticas ao mundo da vida, análise que Husserl tinha promovido. O que estava essencialmente em questão era a historicidade do ser-aí humano, a solução do problema do relativismo histórico – melhor, o esquecimento crítico do modo de colocação do problema segundo o qual o relativismo histórico se mostrava como insolúvel. Para tanto, Dilthey era em verdade a figura simbólica. Se o próprio Heidegger [...] procurou escapar da pobreza formalista do pensamento sistemático neokantiano e também resistiu em particular à virada idealista-transcendental do programa fenomenológico husserliano, então a obra tardia enormemente rica e estimulante de Wilhelm Dilthey, apesar de toda a sua fraqueza e palidez conceitual, foi desde o princípio para ele uma ajuda essencial".

nesse mesmo "âmbito" – os entes intramundanos também se manifestam. Ressalte-se, quanto a isso, que a

> [...] **projeção compreensiva** do campo existencial, contudo, **não significa** de modo algum **que o ser-aí esboçaria** do nada **um plano particular de realização**. Algo assim também seria intrinsecamente contraditório com o caráter de poder--ser do ser-aí. Ao invés disso, a **projeção compreensiva** do campo existencial do ser-aí precisa atualizar uma estrutura transcendente que possua em certa medida um caráter de passado, sem que por isso se mostre como algo previamente dado e constituído. Exatamente uma tal estrutura aponta para aquilo que Heidegger procura descrever como a estrutura ser-no-mundo. O ser-aí, na medida em que existe, projeta o seu campo existencial **compreensivamente**, abrindo um campo de sentido que sustenta os comportamentos em relação a campos concomitantes focalizados. Essa projeção, no entanto, obedece ao mundo como horizonte fático de cerceamento das possibilidades mesmas originariamente projetadas. Mundo é aqui a facticidade do ser-aí [...] (Casanova, 2013b, p. 89-90, grifo nosso).

O que está em jogo, assim, para a fenomenologia-hermenêutica de Heidegger é dar conta da necessidade intransponível de conduzir uma destruição fenomenológica do horizonte histórico sedimentado. Dito de outra maneira, tanto as questões filosóficas quanto a própria dinâmica existencial do *ser-aí* humano enquanto poder-ser, já sempre se movimentam em meio a um horizonte histórico prévio de interpretação – como foi considerado brevemente no item anterior. Desse modo, esse horizonte histórico prévio no qual o *ser-aí* humano sempre se compreende é o que Heidegger busca designar por meio da palavra *faticidade*.

Por isso, para o filósofo, a faticidade

> [...] significa simplesmente que eu vivo, enquanto *Dasein* [ser-aí humano], por uma certa quantidade de tempo dentro de um período histórico particular. Heidegger nota que estar aí por um período também implica que eu não posso fugir, e estou em casa no aí em algum sentido. [...] [No entanto esse estar aí] significa especificamente não estar aí no modo de ser de um objeto (o erro da ontologia tradicional). Esta frase significa [o] *como* estamos vivendo ou sendo [no] aí. Ou seja, a forma que *Dasein* [ser-aí] é, é uma vivência ativa da vida. O fático significa a articulação de nosso modo de ser *Dasein* [ser-aí]

> e, como tal, pertence à facticidade. [...] Isto é, nossa forma de ser no estar aí por um tempo, nossa facticidade, inclui uma expressão, articulação ou compreensão de nossa própria forma de ser. Isto é importante porque significa que neste nível mais básico nossa forma de ser inclui uma compreensão de nossa própria maneira de ser (Schmidt, 2014, p. 83, grifo do autor).

A autocompreensão do *ser-aí* humano que se dá em meio a sua faticidade, isto é, na medida em que o *ser-aí* humano já sempre se compreende em meio a um mundo histórico, acaba trazendo à tona a indicação de que na própria autocompreensão do *ser-aí* humano se dá intrínseca e concomitantemente à compreensão do *sentido de ser* em geral. Nesse sentido, começa a se delinear, de forma preliminar, que para promover um pensamento que busque investigar a questão sobre o *sentido do ser*, ou seja, uma *Ontologia fundamental* (que, como será considerado de modo detido no próximo capítulo, traduz a meta de *Ser e Tempo*, obra capital de Heidegger) é preciso primeiro interpretar o ente (*ser-aí* humano) que descerra sua existência em meio a esse âmbito compreensivo do *sentido de ser*[36]. Essa interpretação implica e, mesmo, somente se torna possível por meio da hermenêutica da facticidade, pois,

> [...] a hermenêutica da facticidade significa a autocompreensão interpretativa do *Dasein* [ser-aí] que ele tem de si mesmo na vida fática. Esta interpretação precisa começar com *Dasein* [ser-aí] em sua qualidade cotidiana como o eles [o "impessoal", *das man*], ou seja, a opinião reinante se compreende. Esta interpretação inicial e os conceitos interpretativos (indicações formais) precisam ter o objetivo de revelar [o] *Dasein* [ser-aí] para si mesmo (Schmidt, 2014, p. 87).

A hermenêutica da faticidade, portanto, traz à tona dois elementos fundamentais. Por um lado, revela que a autocompreensão do *ser-aí* sempre se dá em meio a um horizonte histórico compreensivo, isto é, um mundo fático historicamente sedimentado. Sendo assim, na maioria das vezes o *ser-aí* se compreende por um horizonte prévio legado pela tradição (horizonte histórico sedimentado). Por outro lado, o modo como se dá a autocompreensão do *ser-aí* manifesta uma estrutura interpretativa na qual descerrada sua

---

[36] Esse é um elemento fundamental para o pensamento de Heidegger, e consequentemente, para o desenvolvimento dessa pesquisa, pois, como será visto mais adiante, ela antecipa a relação indissociável entre a necessidade de uma retomada concreta da elaboração da questão *sobre o sentido do ser* (*Ontologia fundamental*) e a analítica do *ser-aí* humano a partir do método fenomenológico de investigação, como fio condutor da elaboração da referida questão cardeal do filósofo.

própria existência. Essa estrutura é referida na citação pelo termo *indicação formal*. É esse segundo elemento que precisa ser esclarecido, a fim de tornar acessível o significado que o termo de indicação formal possui no bojo dos escritos de Heidegger, a saber, trata-se de um

> [...] conceito ou estrutura que está entre o fluxo temporal da vida e um conceito ou estrutura justificada. Ele serve para indicar uma direção preliminar de investigação que pode ser seguida. [...] Em outras palavras, aquilo que é apresentado inicialmente para a explicação hermenêutica requer uma análise posterior para descobrir a estrutura ou conceito real que permite que aquilo que é apresentado inicialmente esteja lá. Aquilo que é pensado inicialmente para uma elucidação posterior é chamado de "**ter-prévio**" [...] (Schmidt, 2014, p. 89).

No pensamento heideggeriano, o ter-prévio do *ser-aí*, referido na citação, aponta para a indicação de que *ser-aí* existe sempre em num "mundo" histórico-fático sedimentado. No entanto, apenas por mediante a realização de uma hermenêutica da facticidade, como uma interpretação do *ser-aí*, é que se torna possível apreender existencialmente que esse modo-de-ser no mundo se dá a partir da estrutura *ser-no-mundo*. Dessa forma, a interpretação do *ser-aí* conduzida pelo caminho investigativo da hermenêutica da facticidade conduz propriamente para uma hermenêutica do *ser-aí*, ou em outros termos, para uma *analítica existencial do ser-aí*, isto é, desse ente que cada um de nós, a cada vez, somos.

O modo pelo qual se articulam a *analítica do ser-aí* e a questão sobre o *sentido do ser* no pensamento heideggeriano está associado diretamente ao projeto da *Ontologia Fundamental* como será possível acompanhar na exposição do próximo item.

4.2.3. A Fenomenologia-hermenêutica como via para a *Ontologia Fundamental* (*o projeto de Ser e Tempo*)

O *ser-aí*, conforme indicado no item 4.2.1, constitui a radicalização do achado da consciência intencional da fenomenologia husserliana. Ao desenvolver a perspectiva de problematização hermenêutica sobre a noção da compreensão como traço constitutivo do *ser-aí*, isto é, como "âmbito" compreensivo desde o qual o *ser-aí* constitui o vetor da projeção do sentido veiculado por um mundo histórico-fático, Heidegger procura evidenciar que o *sentido de ser* se dá em meio a esse "âmbito" de abertura compreensiva, no qual está em jogo o próprio poder-ser do *ser-aí*. Nesse sentido, é preciso esclarecer em que medida a formulação "questão sobre o *sentido do ser*" assim como as formulações "*questão ontológica*" ou "*sentido do ser*" possuem aqui o mesmo significado. Essas formulações apontam propriamente para o projeto da *Ontologia fundamental* que constitui o propósito precípuo assumido por Heidegger em *Ser e Tempo* para despertar a necessidade de reabilitar a questão sobre o *sentido de ser*.

Nesses termos, pode-se afirmar que a articulação entre a fenomenologia e a hermenêutica se deu pela necessidade mesma de encetar um projeto de reabilitação da questão ontológica sobre o *sentido de ser*, cerne do projeto de uma *Ontologia fundamental*, que configura de *Ser e Tempo,* obra capital do filósofo. Como já foi indicado de maneira preliminar no item anterior, a própria retomada da questão sobre o *sentido de Ser*, passa, necessariamente, pela investigação (descrição) fenomenológica do ente no qual se dá, constitutivamente, a irrupção da compreensão do *sentido de ser* – ou seja, a própria retomada da questão sobre o *sentido de ser* envolve a descrição fenomenológica do *ser-aí* como o ente que constitui a via de acesso à questão do *sentido de ser*. Isso indica a necessidade de desenvolver uma via de acesso que viabilize uma interpretação consistente ao ente que compreende *ser*, isto é, do ente que existe sempre em meio a um "âmbito" de abertura compreensiva em que o *sentido de ser* se dá. Sendo assim, a fenomenologia hermenêutica se configura como o próprio *modo* de "reabilitar" o questionamento ontológico acerca do *sentido de ser* por intermédio de uma analítica fenomenológica do *ser-aí*, tal como Heidegger evidenciou no §7 dedicado à exposição do "método fenomenológico de investigação" em *Ser e Tempo*:

> Ontologia e fenomenologia não são duas disciplinas distintas da filosofia ao lado de outras. Ambas caracterizam a própria filosofia em seu objeto e em seu modo de tratar. A filosofia é uma ontologia fenomenológica e universal que parte da hermenêutica da presença (ser-aí), a qual, enquanto analítica da *existência*, amarra o fio de todo questionamento filosófico no lugar de onde ele *brota* e para onde *retorna* (Heidegger, 2013, p. 78, grifos do autor).

Por isso, depreende-se que, ao caracterizar a ontologia e a fenomenologia como o cerne fundamental da filosofia, Heidegger não está indicando outra coisa senão evidenciado a correlação intrínseca que, para ele, vigora entre ontologia e fenomenologia: "*a fenomenologia é a via de acesso e o modo de comprovação para se determinar o que deve constituir tema da ontologia.*

Ontologia só é possível como fenomenologia [...]" (Heidegger, 2013, p. 74, grifo do autor). Na medida em que o *"como"* se refere ao *método fenomenológico* de colocação da questão, para o filósofo, a reabilitação da questão ontológica sobre o sentido de *Ser* requisita intrinsecamente o método fenomenológico de investigação. Por conseguinte, como será ratificado no próximo capítulo, o *"como"* envolvido na retomada da questão acerca do *sentido de ser* significa, a partir das diretrizes do método fenomenológico de investigação, acolher a tarefa da *analítica do ser-aí*, visto que a *analítica existencial* desse ente, o *ser-aí* humano, constitui a via de acesso à *questão sobre o sentido de ser*.

Não obstante, é importante notar que ao indicar a *analítica existencial do ser-aí* como fio condutor para a retomada da questão sobre o *sentido de ser* – desde o qual todo questionamento filosófico "surge" e para o qual "retorna" – Heidegger não está assumindo, absolutamente, uma perspectiva antropocêntrica para encaminhar a ontologia fundamental almejada em *Ser e Tempo*. Ele está, de maneira diversa, procurando evidenciar o papel insigne que a dinâmica existencial do *ser-aí* assume como via de acesso à questão que constitui para o filósofo a questão primeira de todas as questões, ou seja, a pergunta pelo *sentido do ser*. Uma vez mais é preciso ratificar que algo assim como a apreensão do *sentido de ser* se dá em meio ao "âmbito" de abertura compreensiva no qual o *ser-aí* descerra o poder-ser que ele é – e seria esse copertencimento originário entre a dinâmica existencial e a abertura compreensiva sobre o *sentido de ser* o que impõe a análise e descrição fenomenológica do *ser-aí* como fio condutor a partir da qual a questão ontológica fundamental pode ser deflagrada.

A pergunta que, nesses termos, se impõe é: qual o sentido do projeto de reabilitação da pergunta pelo *sentido do ser*, denominado por Heidegger enquanto ontologia fundamental? O que o filósofo tem em vista ao qualificar a ontologia com o adjetivo "fundamental"?

> [...] A primeira coisa que precisamos deixar claro nessa expressão [ontologia fundamental] é o fato de Heidegger não buscar com ela a constituição de uma espécie de megaontologia, que resolveria de uma vez para sempre todas as inconsistências apresentadas pelas diversas ontologias tradicionais até aqui. Ontologia fundamental não significa aqui superontologia, mas aponta muito mais para a compreensão da necessidade de se perguntar antes de mais nada pela possibilidade mesma da ontologia. O termo fundamental presente na expressão indica que a investigação não se mantém mais no âmbito de uma

ontologia positiva, mas desce até o fundamento mesmo das ontologias em geral e sonda como elas retiram desse fundamento a sua própria determinação [...] (Casanova, 2013a, p. 79).

A *Ontologia fundamental* como uma "recolocação" da pergunta sobre o sentido de *ser* torna-se uma ontologia primeira, no sentido de "principial" que, enquanto tal, tem em vista abrir o horizonte de manifestação e de fundamentação das ontologias regionais. Tal como escreveu o filósofo:

> [...] fenomenologia da presença (ser-aí) é *hermenêutica* no sentido originário da palavra em que se designa o ofício de interpretar. Desvelando-se o sentido de ser e as estruturas fundamentais da presença (ser-aí) em geral, abre-se o horizonte para qualquer investigação ontológica ulterior dos entes [que] não [são] dotados do caráter de presença (ser-aí). A hermenêutica da presença (ser-aí) torna-se também uma "hermenêutica" no sentido de elaboração das condições de possibilidade de toda investigação ontológica [...] (Heidegger, 2013, p. 77, grifo do autor).

Portanto, a fenomenologia hermenêutica significa precipuamente o "modo" (método) de investigar e tratar a questão ontológica cardeal para o pensamento de Heidegger. Tal investigação deve ser conduzida a partir da interpretação do *ser-aí* – entendendo, cabe ratificar, por "interpretação" como o correlato ao método fenomenológico aceder à investigação ontológica que, assim, se concentrará na descrição (fenomenológica) dos "existenciais" constitutivos da dinâmica existencial do *ser-aí*. Um encaminhamento dessa ordem se distingue, enquanto procedimento analítico-investigativo, radicalmente das análises das propriedades constitutivas dos entes que são acessíveis à interpelação lógico-categorial, porquanto não possuem o modo de ser específico que confere a primazia ôntico-ontológico ao *ser-aí* para a elaboração da questão sobre o *sentido de ser*, qual seja essa especificidade: *ser* constitutivamente por meio de uma compreensão de *ser*. Sendo assim, o propósito de investigar o problema de fundamentação ontológica em uma ciência específica, como no caso da ciência geográfica, que aspire se desenvolver a partir do método fenomenológico-hermenêutico de Heidegger deveria ser deflagrado a partir da *analítica do ser-aí* como condição de possibilidade para divisar as bases ontológico-existenciais da respectiva ciência.

5

SUBSÍDIOS PARA UMA INVESTIGAÇÃO DAS BASES ONTOLÓGICO-EXISTENCIAIS DA GEOGRAFIA.

Se a questão acerca do *sentido de ser* configura o traço irredutível que atravessa todo o percurso do pensamento de Heidegger, então, o próprio interesse de se estabelecer uma interlocução com o filósofo, a partir de uma ciência particular, deveria estar assentado no nexo que a referida questão possuiria com a investigação científica. Esse nexo resguardaria a pertinência da convergência entre o âmbito do pensamento do filósofo e aquele da investigação científica, revelando-se, em última instância, como um elemento comum a cada um desses âmbitos, afastando, desse modo, o risco de preterir o questionamento filosófico em favor da atividade científica, ou vice-versa.

Conforme indicado desde a introdução, a problemática encampada no presente livro sugere que, para tanto – isto é, para promover um diálogo coerente com o pensamento de Heidegger a partir de uma ciência específica – seria necessário ter como foco uma investigação sobre o problema da fundamentação ontológica da respectiva ciência. Caberia, nesse sentido, evidenciar de que maneira uma via de interlocução com o filósofo que se desenvolva, a partir de uma ciência específica, sob o referido foco, coaduna com as diretrizes do próprio pensamento do filósofo e, nesses termos, se justificaria.

O presente capítulo corresponderá ao esforço de acompanhar o caminho com o qual o próprio filósofo, sob o propósito precípuo de retomar a elaboração da questão sobre o *sentido de ser*, traz à tona a possibilidade de se desenvolver uma investigação sobre o problema da fundamentação ontológica às ciências. Para tanto, o capítulo irá destacar, a partir dos três itens subsequentes, senão alguns poucos elementos com os quais o filósofo coloca em marcha a tarefa fundamental de seu pensamento, entrevistos, por sua vez, como aqueles elementos que de forma mais evidente se articulam com o objetivo do livro: fomentar uma investigação sobre o problema da fundamentação ontológica na ciência geográfica por intermédio da fenomenologia "heideggeriana".

5.1. O nexo entre a elaboração da questão sobre o *sentido de ser* (*Ontologia fundamental*) e a(s) ciência(s): o primado ôntico-ontológico do *ser-aí*

Na medida em que, por um lado, a fenomenologia hermenêutica designa o projeto heideggeriano de reabilitação da elaboração da questão sobre o *sentido de ser* por meio de uma *Ontologia fundamental* que, por sua vez, constitui o propósito de *Ser e Tempo*; e, por outro lado, na medida em que a *analítica do ser-aí* humano constitui para o filósofo o fio condutor de toda investigação ontológica, torna-se, por conseguinte, indispensável expor de maneira mais detida os motivos pelos quais Heidegger conferiu à *analítica do ser-aí* a primazia frente a toda investigação ontológica e, igualmente, a forma com a qual o encadeamento desses elementos se revelam convergentes com uma investigação sobre a fundamentação ontológica em uma ciência específica.

Uma via entrevista como pertinente para se desenvolver a exposição pretendida se verificaria mediante o esforço de acompanhar o caminho percorrido pelo próprio Heidegger nos primeiros parágrafos da *Introdução* de *Ser e Tempo*, nos quais o filósofo expõe "*o primado ontológico da questão do ser* (§3)" e "*o primado ôntico da questão do ser* (§4)"; que articulam, como poderá ser observado no que segue, uma série de indicações relevantes a partir das quais o nexo entre o projeto de uma *Ontologia fundamental* e a atividade científica é explicitamente tratado pelo filósofo, como atesta a citação a seguir:

> **Ser é sempre ser de um ente.** O todo dos entes pode tornar--se em seus diversos setores campo para se liberar e definir determinados âmbitos de objetos. Estes, por sua vez, como por exemplo história, natureza, espaço, vida, existência, linguagem, **podem transformar-se em temas e objetos de investigação científica. A pesquisa científica** realiza, de maneira ingênua e a grosso modo, um primeiro levantamento e uma primeira fixação dos âmbitos de objetos. A elaboração do âmbito em suas estruturas fundamentais já foi, de certo modo, efetuada pela experiência e interpretação pré-científicas do setor de ser que delimita a própria região de objetos. Os "conceitos fundamentais" assim produzidos constituem, de início, o fio condutor da primeira abertura concreta do âmbito. Se o peso de uma pesquisa sempre se coloca nessa positividade, o seu progresso propriamente dito não consiste tanto em acumular resultados e conservá-los em "manuais", mas em questionar a constituição fundamental de cada âmbito que,

na maioria das vezes, surge reativamente do conhecimento crescente das coisas (Heidegger, 2013, p. 44-45, grifo nosso).

Nessa passagem, o filósofo chama a atenção para uma experiência de inteligibilidade sobre o *sentido de ser* dos entes que se verifica numa esfera mais originária do que a elaboração científica, isto é, para uma experiência de compreensão do *sentido de ser* que se dá na esfera pré-científica e que constitui, por sua vez, a própria condição de possibilidade da atividade científica regular se efetivar. O filósofo aponta, assim, para uma experiência de pensamento anterior à determinação teórico-conceitual do(s) ente(s) que "modula" o significado do(s) próprio(s) ente(s), que é condição de possibilidade para, ulteriormente, sob outra modulação, convertê-lo(s) em objeto(s) para a investigação positiva de uma determinada ciência – tal como ocorre, por exemplo, quando o "espaço" é assimilado como objeto precípuo da pesquisa científica em Geografia. Cabe, assim, destacar que, de acordo com o filósofo, a transformação pela qual a experiência teórico-científica converte o(s) ente(s) em objeto(s) temáticos para a pesquisa científica dependeria, fundamentalmente, de uma experiência mais primordial, a saber: a experiência de *autodação* dos entes à compreensão do *ser-aí*, como "lócus" de abertura no qual o significado primário e categorial dos entes se articulam previamente à possibilidade de sua conversão em objetos teóricos para a investigação científica. Para o filósofo, o *ser-aí* só pode ser sob o modo do existente que é na medida em que já está sempre em meio a essa autodação compreensiva do(s) ente(s) – essa condição intrínseca ao modo próprio de ser do *ser-aí* que Heidegger designou com a palavra *compreensão*. Trata-se, portanto, de uma "significação" bastante estrita da palavra *compreensão*: pensada enquanto um traço (*existencial*) constitutivo da própria existência do *ser-aí* a compreensão não se confunde como uma propriedade distintiva vinculada a uma faculdade ou "capacidade" reflexiva que seria um atributo do homem. É primariamente a partir da abertura compreensiva – que se verifica como traço constitutivo da própria dinâmica existencial do *ser-aí* – que todo e qualquer ente vem ao nosso encontro em meio a um "campo" de manifestação, "campo" esse que é correlato (como será visto mais adiante) a um mundo histórico-fático sedimentado. Nesse "campo" os entes podem ser determinados, mediante a elaboração teórica, como objetos para as investigações científicas e é por meio dessa elaboração "derivada" da abertura compreensiva (isto é, da *compreensão* sob a acepção "existencial" com a qual o filósofo a interpreta) que se constituem os "conceitos fundamentais" das investigações típicas das ciências positivas. Nesse sentido, porquanto aponta para uma clara convergência entre a ontologia fundamental aspirada em *Ser e Tempo* e o plano da investigação das ciências, é indispensável trazer à tona o que Heidegger tem propriamente em vista ao se referir aos "conceitos fundamentais" de uma ciência:

> Conceitos fundamentais são determinações em que o âmbito de objetos, que serve de base a todos os objetos temáticos de uma ciência, é compreendido previamente de modo a guiar todas as pesquisas positivas. Trata-se, portanto, de conceitos que só alcançam verdadeira legitimidade e "fundamentação" mediante uma investigação prévia que corresponda propriamente ao respectivo âmbito. Ora, à medida que cada um desses âmbitos é extraído de um setor de entes, essa investigação prévia, produtora de conceitos fundamentais, significa uma interpretação desse ente na constituição fundamental de seu ser. Essa pesquisa deve anteceder às ciências positivas [...] (Heidegger, 2013, p. 46; grifo nosso).

Uma tal pesquisa, que deveria anteceder a pesquisa "típica" das ciências positivas, é aquela que se orienta para a investigação do ser dos entes que constituem o campo temático de toda e qualquer ciência particular. Esse tipo de investigação é designado pelo filósofo como sendo a tarefa das "ontologias regionais", isto é, a tarefa das investigações dedicadas à inquirição sobre o *ser* dos entes que constituem o campo temático das "ontologias regionais", porquanto referida ao "objeto" correlato à cada ciência particular. Essa investigação se justifica na medida em que as pesquisas positivas que as ciências usualmente desenvolvem são guiadas por uma interpretação prévia acerca sobre o significado do *ser* dos objetos de cada ciência, embora, via de regra, essa interpretação seja pressuposta e derivada de uma compreensão prévia sobre o *sentido de ser* em geral, que tende a permanecer não questionado sob o modo característico que as ciências desenvolvem suas pesquisas. Por esse motivo, mesmo o "esforço" de investigação dedicado a interpelar o *sentido de ser* de um ente que corresponda a uma ontologia regional – que está à base de toda e qualquer ciência particular, "[...] *permanecerá ingênuo e opaco se as suas pesquisas sobre o ser dos entes deixarem indiscutido o sentido do ser em geral* [...]" (Heidegger, 2013, p. 47, grifo nosso). Assim também se revela a repercussão da elaboração da questão sobre o sentido do *ser* em geral e a atividade científica, na medida mesma em que

> A questão do ser visa, portanto às condições *a priori* de possibilidade não apenas das ciências que pesquisam os entes em suas entidades e que, ao fazê-lo, sempre já se movem numa compreensão de ser. A questão do ser visa às condições de possibilidade das próprias ontologias que antecedem e fundam as ciências ônticas. *Por mais rico e estruturado que possa ser o*

> *seu sistema de categorias, toda ontologia permanece, no fundo,*
> *cega e uma distorção de seu propósito autêntico se, previamente,*
> *não houver esclarecido, de maneira suficiente, o sentido de ser*
> *e não tiver compreendido esse esclarecimento como sua tarefa*
> *fundamental* (Heidegger, 2013, p. 47, grifo do autor).

Dessa forma, *se* o "primado ontológico da questão do ser" destacado no âmbito da elaboração da ontologia fundamental por Heidegger em *Ser e Tempo* corresponde à necessidade de esclarecimento acerca do que se entende por *ser* enquanto tal, *então*, as investigações dedicadas às ontologias regionais, passíveis de serem desenvolvidas no plano interno de cada ciência, dependeriam de um esclarecimento prévio sobre o *sentido de ser* em geral, isto é, da meta que *Ser e Tempo* assume enquanto projeto para à consecução de uma *Ontologia fundamental.*

Por sua vez, "o primado ontológico da questão do ser", referido nas passagens citadas, se faz acompanhar do "primado ôntico da questão do ser", que visa indicar que a própria ek-sistência[37] do *ser-aí,* sendo o "ente" tal como ele é, já sempre se dá em meio a um "âmbito" compreensivo do *sentido de ser:*

> [...] *A compreensão de ser é em si mesma uma determinação de*
> *ser do ser-aí. O privilégio ôntico que distingue a ser-aí está*
> *em ele ser ontológico.*
>
> Ser ontológico ainda não diz aqui elaborar uma ontologia. Por
> isso, se reservarmos o termo ontologia para designar o ques-
> tionamento teórico explícito do sentido do ser, então deve-se
> chamar este ser-ontológico do ser-aí de pré-ontológico. Isso,
> no entanto, não significa simplesmente sendo onticamente
> um ente, mas sendo no modo de uma compreensão de ser
> (Heidegger, 2013, p. 48, grifo do autor).

No entanto, como o filósofo adverte, por isso, seria válido ressaltar, o "ser ontológico" próprio ao ente que corresponde à existência do *ser-aí* designa, primariamente, uma compreensão "pré-ontológica", com o qual a princípio e na maioria das vezes o ente que é sob o modo da existência do *ser-aí* compreende os entes que lhe vem ao encontro, bem como a existência dos outros e de si próprio. Dessa forma, a "pré-compreensão" ontológica

---

[37] A utilização da palavra ek-sistência ou ec-sistência, isto é, dos prefixos de origem grega (ek-/ec-) buscam justamente traçar uma distinção da forma pela qual a tradição pensou a existência como tendo uma essência que a constituísse como *fundamento inconcusum.* Os prefixos gregos, que buscam replicar no português o tratamento dispensado pelo filósofo à língua alemã, visam designar um movimento para fora, por esse motivo, para Heidegger, não há uma substância ou quidade que seria interior ou anterior ao *ser-aí* que permitisse lhe determinar sua "diferença específica" – mas, ao contrário, aquilo que constitui a essencialização do *ser-aí* é sua abertura – o fato dele ser sempre em um mundo. Nesse sentido seu "essencializar-se" se dá nessa abertura e, dessa forma, o *ser-aí* não possui uma essência, ele se essencializa em meio ao seu *poder-ser.*

intrínseca à existência do *ser-aí* não constituiria expressão de uma investigação explícita sobre a questão acerca do *sentido de ser* que, para o filósofo, configura a tarefa primordial do pensamento filosófico. De que forma, então, seria possível conduzir a pré-compreensão ontológica inerente à dinâmica existencial do *ser-aí* em direção a uma investigação explícita sobre o *sentido de ser*?

Para o filósofo, isso somente seria possível a partir de uma investigação desse ente no qual está constitutiva e incessantemente em jogo o *sentido de ser*, ainda que – a princípio e na maioria das vezes – o *sentido de ser* permaneça retido e submetido à inteligibilidade típica da "pré-compreensão" ontológica.

Dito de outro modo, a reabilitação da questão sobre o *sentido de ser* envolve uma interpretação fenomenológica do ente que possui uma relação privilegiada com o *sentido de ser*, porquanto sua própria existência coloca incessantemente seu próprio *ser* em questão: esse ente que todos nós e a cada vez, singularmente, somos, ou seja: o *ser-aí*. Assim, somente por meio da análise desse ente é que seria possível divisar um acesso ao fio condutor para uma investigação ontológica do *sentido de ser* em geral. Daí a primazia da *Ontologia fundamental*, respectivamente da *analítica existencial do ser-aí*, frente às ontologias regionais, referidas aos entes que não possuem o modo de ser característico do *ser-aí*, a saber, ser numa abertura compreensiva do *sentido de ser* em geral:

> As ciências são modos de ser do ser-aí, nos quais ele também se relaciona com entes que ele mesmo não precisa ser. Pertence, porém, essencialmente ao ser-aí: ser em um mundo. Assim, a compreensão de ser, própria do ser-aí, inclui, de maneira igualmente originária, a compreensão de "mundo" e a compreensão do ser dos entes que se tornam acessíveis dentro do mundo. Dessa maneira, as ontologias que possuem por tema os entes desprovidos do modo de ser do ser-aí se fundam e motivam na estrutura ôntica do próprio ser-aí, que lhe acolhe em si a determinação de uma compreensão pré-ontológica de ser.
>
> É por isso que se deve procurar na *analítica existencial do ser-aí* [analítica do ser-aí], *a ontologia fundamental* de onde todas as demais podem originar-se (HEIDEGGER, 2013, p. 49, grifo do autor).

Sendo assim, a *Ontologia fundamental*, enquanto uma investigação sobre o *sentido de ser* em geral possui na *analítica do ser-aí* o fio condutor desde qual e por meio do qual se dá a condição de possibilidade de todas as investigações das ontologias regionais, que aspirem uma base ou justificativa ontológico-existencial consistente, fenomenologicamente, para elas próprias. O "primado ôntico da questão do ser" corresponde à primazia do *ser-aí* como ente que deve ser preliminarmente interrogado. Desse modo, em função desse primado ôntico, o *ser-aí* possui um primado triplo frente aos entes desprovidos do modo-de-ser do *ser-aí*: (i) a primazia ôntica: o *ser-aí* é o ente marcado por sua "ek-sistência"; (ii) a primazia ontológica: na "ek-sitência" desse ente já sempre se deu uma *compreensão* de *ser*, ainda que sob a forma prevalente de uma compreensão pré-ontológica de *ser* que funda a possibilidade da investigação ontológica; e (iii) a primazia da condição ôntico-ontológica da possibilidade de todas as ontologias (Heidegger, 2013, p. 49).

Importa, assim, acompanhar o caminho através do qual o filósofo conduz o acesso fenomenológico ao *ser-aí* e desenvolve sua *analítica existencial*, tal como conduzida de modo insigne em *Ser e Tempo*.

5.2. O vínculo intrínseco entre a fenomenologia-hermenêutica e a investigação das bases ontológico-existenciais da ciência: a *analítica do ser-aí*

A *Ontologia fundamental* aspirada por Heidegger em *Ser e Tempo* possui, como fio condutor de sua investigação, a *analítica do ser-aí*. Por sua vez, a assunção desse fio condutor se justifica em função da primazia ôntico-ontológica do ser-aí frente aos outros entes desprovidos do modo de ser do *ser-aí*. A inteligibilidade desses traços norteadores do projeto de reabilitação da questão sobre o *sentido de ser*, constitutivos da *Ontologia fundamental*, pode ser depurada, sugere-se, a partir de uma qualificação do caráter "metodológico" da *analítica do ser-aí*. Esse encaminhamento se justifica quando se tem em vista uma advertência fundamental a partir desse momento do trabalho, qual seja:

> Os leitores de *Ser e Tempo* rapidamente deparam-se com um tema que aparenta ser quase um axioma na fenomenologia hermenêutica: o ser humano tende a interpretar o seu modo de ser a partir de conceitos que são adequados ao tipo de ente que ele mesmo não é [...]. Uma consequência dessa transgressão categorial não contingente está presente nas tentativas de elaborar uma ontologia do domínio dos seres humanos a partir do esquema categorial propriedade-substrato de propriedades (a determinação de algo como algo de acordo

com as noções de substância-acidente). De aí que uma das dificuldades metodológicas da analítica existencial [*analítica do ser-aí*] consiste precisamente em elaborar uma interpretação ontológica que não cometa essa transgressão categorial. Se essa cláusula hermenêutica implica um severo procedimento de suspensão de importantes conceitos elaborados ao longo da tradição ontológica e antropológica, de um ponto de vista positivo, ela compromete-se, ademais, com a dificuldade de oferecer uma delimitação categorial adequada e que, portanto, não suponha uma determinação ontológica definida pelo esquema propriedade-substrato.

Essa delimitação é introduzida, já ao início de *Ser e Tempo*, como a noção de existência. Segundo essa determinação, um ente, cujo modo de ser é a existência, não recebe suas determinações a partir de propriedades, mas é determinado somente a partir de maneiras de ser, ou seja, ele é sempre sua possibilidade e nada mais do que isso [...]. Em suma, a determinação positiva da existência está dada pela noção de possibilidade (Reis, 2014, p. 16, grifo do autor).

Com base no exposto, é possível depreender que o risco de se incorrer numa "transgressão categorial", tal como qualificada na citação, acomete reiteradamente os esforços de assimilação do pensamento de Heidegger no interior de qualquer ciência. Esse risco é proveniente da própria peculiaridade do "método" fenomenológico com o qual é conduzida a *Ontologia fundamental* em *Ser e Tempo*: na medida em que a *analítica do ser-aí* se efetiva por meio das diretrizes do método fenomenológico de investigação, ou, mais precisamente, na medida em que a referida *analítica* se efetiva simultaneamente à exposição do caráter de método da fenomenologia, que vai se delineando por intermédio da própria *analítica do ser-aí*, tanto o acesso quanto, igualmente, o modo de exposição do *ser-aí* se efetiva de tal forma que o *ser-aí* "não" é determinado por categorias que seriam extraídas por meio da interpelação de propriedades que lhes seriam supostamente subsistentes.

Dito de outra forma: para que seja possível promover um acesso fenomenológico ao *ser-aí* que se efetive, por sua vez, a partir da descrição fenomenológica do modo de ser do *ser-aí*, é imprescindível atender a uma exigência absolutamente irredutível à fenomenologia que possui, por sua vez, um caráter proibitivo e intrínseco ao próprio "método" fenomenológico de investigação, qual seja: "[...] *afastar toda determinação que não seja demonstrativa*[...]" (Heidegger, 2013, p. 74). Dessa forma, tanto o acesso ao *ser-aí* quanto a sua *analítica existencial* não são possíveis a partir de uma determinação prévia sobre o que poderia ser considerado como a essência do ec-sistente humano (o *ser-aí*) e, assim, destacado como a diferença específica que permitiria a apreensão e determinação lógico-conceitual de seu "ser". Ao contrário desse encaminhamento, característico do comportamento teórico das ciências, o próprio modo fenomenológico de acesso e descrição do *ser-aí* se constitui aquiescendo que os modos de ser do *ser-aí* se dão em meio à própria realização de sua ek-sistência, enquanto *poder-ser*. Ou seja, o acesso fenomenológico ao *ser-aí*, a partir da sua *analítica existencial*, resguarda a interpretação do ser-aí de toda e qualquer determinação categorial, preservando-lhe tão somente a abertura para assimilá-lo mediante uma radical indeterminação que vem à tona quando se acompanha a descrição da dinâmica existencial *ser-aí* como puro "poder-ser", isto é, como "possibilidade" aprendida como um *existencial*. Isso é explicitado no §9 de *Ser e Tempo*:

> A "essência" do ser-aí está em sua existência. As características que se podem extrair deste ente não são, portanto, "proprie-dades" simplesmente dadas de um ente simplesmente dado que possui esta ou aquela "configuração". As características constitutivas do ser-aí são sempre modos possíveis de ser e somente isso. Toda modalidade de ser deste ente é pri-mordialmente ser. Por isso o termo "ser-aí", reservado para designá-lo, não exprime a sua quididade como mesa, casa, árvore, mas sim o ser (Heidegger, 2013, p. 86).

Essa passagem tão somente endossa a interpretação feita por Reis (2014), quando de sua advertência em relação ao risco da "transgressão categorial" que, de modo insuspeito, tende a acometer as interpretações do pensamento de Heidegger, mais especificamente de *Ser e Tempo* – pois a citação traz à tona, uma vez mais, a distinção absolutamente central para o pensamento do filósofo –, entre o modo-de-ser do *ser-aí* como *poder-ser*, em contraste radical aos demais entes, desprovidos do modo-de-ser do *ser-aí*. Essa distin-ção é depurada de forma ainda mais lapidar quando o filósofo traz à tona a diferença radical entre os modos de acesso aos entes que se efetivam, por um lado, por meio das "categorias" (que permitem a interpelação dos entes que não possuem o modo de ser do *ser-aí*) e dos "existenciais" (que viabilizam, por intermédio da *analítica existencial*, o acesso fenomenológico ao *ser-aí*):

> Todas as explicações resultantes da analítica do ser-aí são con-quistadas a partir de sua estrutura existencial. Denominamos os caracteres ontológicos do ser-aí de **existenciais** porque eles se determinam a partir da existencialidade. Estes devem ser

nitidamente diferenciados das determinações ontológicas dos entes que não têm o modo de ser do ser-aí, os quais chamamos de *categorias* (Heidegger, 2013, p. 88).

Assim, o que vem à tona a reboque da *analítica do ser-aí* em *Ser e Tempo* são as formulações que o filósofo cunhou para descrever os caracteres ontológicos do *ser-aí*, que ele designou como "existenciais", tais como, por exemplo: *ser-no-mundo, ser-em, compreensão, disposição, ser-com, mundanidade* etc. Esses *existenciais* não são categorias, pois estas são determinações ontológicas dos entes que não possuem o modo de ser do *ser-aí*, ou seja: categorias são determinações ontológicas adequadas para a interpretação dos entes que podem ser interpelados em suas propriedades constitutivas, tendo em vista sua determinação quididativa, substancial. O risco da "transgressão categorial" é sobremodo insidioso na medida em que é possível – e, mesmo, recorrente – submeter os "existenciais" (ser-no-mundo; ser-em; ser-com, *ser-aí*, compreensão, disposição etc.) a uma interpretação categorial e, assim, a própria experiência de pensamento que está em jogo na formulação mesma dos "existenciais" é transfigurada, por quanto reenviam à interpretação do pensamento do filósofo para uma apreensão categorial dessas formulações[38].

Os "existenciais" do *ser-aí* humano podem ser interpretados, assim, como "indicações formais" que orientam sua *analítica existencial*. A própria formulação dos "existenciais" é explicitada e, sobretudo, justificada na medida em que viabilizam o acesso adequado (nos termos do método fenomenológico de investigação) no próprio encaminhamento analítico do ente que deve ser primeiramente interrogado para, a partir disso, colocar em perspectiva a meta da ontologia fundamental contida em *Ser e Tempo*, a saber: a retomada da elaboração da questão sobre o *sentido de ser*. Os *existenciais*, portanto, não são categorias na medida em que foram "gestados" para fomentar uma experiência de pensamento (e linguagem) radicalmente diversa da experiência de pensamento característico das categorias. Os *existenciais* não são categorias, pois não foram "formulados" (concebidos) a partir de uma ilação dedutiva de um suposto fundamento sobre o *ser-aí* e, por conseguinte, não permitem determinar um conteúdo *quididativo* sobre o

---

[38] Esse extravio é, por sua vez, bastante recorrente e pode ser facilmente observado nas publicações veiculadas pela Geografia humanista– sobremodo patente quando através da assimilação dos "existenciais" se pretende conduzir pesquisas empíricas ou, mesmo, a formulação de métodos de pesquisa empírico-aplicada que são propostos através da articulação dos "existenciais" que, invariavelmente, são submetidos a uma interpretação "categorial", na medida em que são previamente direcionados para a pesquisa empírica na ciência geográfica, como se a legitimidade efetiva da fenomenologia enquanto "método" de investigação, em consonância com Heidegger, pudesse ser reconhecida em função da sua pretensa contribuição para a pesquisa empírico-aplicada numa ciência.

que seria a diferença específica do homem. Os "existenciais" são "indicações formais" que permitiriam acompanhar e descrever o modo de realização da dinâmica existencial do *ser-aí* enquanto "sendo" puro poder-ser. Os *existenciais* buscam, assim, subsidiar a descrição dessa dinâmica pela qual o *ser-aí* concretiza, a cada vez, suas possibilidades irredutíveis e intransferíveis de *ser* sempre em meio às referências significativas que emergem do mundo histórico-fático sedimentado mediante o qual existe. Contudo, na condição de "indicações formais", os existenciais podem – e poderão sempre – ser submetidos a uma representação categorial e, assim, o significado que lhes seriam próprios são radicalmente transfigurados, tanto quanto a experiência de pensamento que lhe diria respeito.

É importante chamar a atenção para o fato de que essas diretrizes de método impostas pela tarefa de encampar o projeto de uma ontologia fundamental em *Ser e Tempo* são, propriamente, diretrizes presentes em toda obra de Heidegger, ainda que no percurso do pensamento do filósofo, existam modulações específicas. Sendo assim, a *analítica do ser-aí* pode ser destacada como um "elemento" imprescindível para o todo diálogo que se pretenda desenvolver com o pensamento do filósofo.

Com base nas argumentações desenvolvidas nos últimos parágrafos, observou-se como pertinente para encerrar esse tópico reiterando uma advertência crítica – que, por sua vez, redireciona a exposição para à interface entre o pensamento do filósofo e a Geografia. Trata-se, com base no exposto neste item, de chamar a atenção para um artifício que é ainda mais danoso e deturpador para a assimilação do pensamento de Heidegger numa ciência do que reivindicá-lo como matriz fenomenológica para amparar uma concepção humanista na ciência geográfica. Trata-se, aqui, de destacar um efeito que pode emergir, no plano interno de uma ciência particular, quando não é considerada a diferença radical vigente entre os *existenciais* e as categorias. Esse efeito diz respeito à possibilidade de se desenvolver uma transposição "metafórica" das formulações de Heidegger para uma ciência, submetendo o significado insigne dos existenciais à representação categorial corrente no âmbito do debate teórico das ciências – um extravio que é, não obstante, muito recorrente na ciência geográfica, notadamente conduzido sob os auspícios da Geografia humanista. Isso se verifica quando, por exemplo, as formulações do filósofo que resguardariam uma similitude com a conceptualidade da ciência geográfica são "importadas" por meio de analogias meramente formais (tais como "ser-no-mundo"; habitar; lugar;

espaço; etc.) e, a partir dessa "transposição", pretende-se estabelecer nexos com o debate teórico corrente na ciência geográfica, que, desse modo, passa a se movimentar através de uma interlocução com o filósofo que passa ao largo da referida distinção e, por conseguinte, passa também ao largo da própria inteligibilidade de seu pensamento. Esse encaminhamento constitui uma das formas pelas quais também se desarticulou e se retardou, na Geografia, a possibilidade de se desenvolver uma retomada do problema da fundamentação ontológica nessa ciência sob a via da fenomenologia-hermenêutica, como será considerado no próximo item.

5.3. *Ser-aí* como *ser-no-mundo*: o significado do existencial *"ser-em"* para a investigação ontológica na Geografia.

É importante iniciar este item, independentemente do caráter inusitado de que essa orientação possa se revestir, indicando aquilo que o desenvolvimento do que se segue *não* pretende fazer: não se tem em vista, aqui, buscar, por meio do diálogo com Heidegger – e, mais especificamente, com a *analítica existencial do ser-aí* – insumos para uma reformulação dos conceitos geográficos, a partir de uma "adaptação" das formulações do filósofo aos conceitos da Geografia e, assim, fomentar um debate epistemológico nessa ciência. Isso porque esse encaminhamento recairia nos extravios característicos da "fenomenologia geográfica" – já extensamente criticada no tocante à intepretação que foi dispensada ao filósofo na Geografia humanista-fenomenológica. Tampouco, ao propor uma reabilitação da investigação sobre o problema da fundamentação ontológica na Geografia se pretende suscitar a proposição de um novo parâmetro de resolução ontológica que, nesses termos, viabilizaria um fundamento teórico alternativo àqueles que sustentam as pesquisas positivas atualmente correntes na ciência geográfica. Por conseguinte, qual o sentido, então, que a presente perspectiva de problematização conduziria?

Pretende-se evidenciar que a *analítica do ser-aí* – como via para investigação acerca da fundamentação ontológica da Geografia – não deve se orientar (e tampouco suscitar tal expectativa) no sentido de fomentar uma teoria (*estrito senso*) do espaço geográfico a partir da fenomenologia de Heidegger – ou algo nesse sentido, desconsiderando o contrassenso manifesto que tal encaminhamento redundaria – mas deve, de modo diverso, fazer repercutir aquilo mesmo em que a referida analítica se movimenta, a saber: à possibilidade do geógrafo divisar uma interpretação existencial para a ciência geográfica. Em tendo êxito esse encaminhamento, seria divisado uma intepretação fenomenológica do espaço enquanto fenômeno (*sic*) originário que, por sua vez, estaria à base de toda proposição teórica (*estrito senso*) acerca da natureza do espaço que, via de regra, constitui tanto a fonte das pesquisas aplicadas, quanto, igualmente, a referência para desdobrar o debate epistemológico nesta ciência, por mais plural e diverso que possam ser os rumos que a discussão epistemológica em curso na disciplina se desdobre.

Nesses termos, seria indispensável expor o substrato de sustentação prévia das proposições teóricas sobre a natureza do espaço na ciência geográfica, em contraponto ao modo com o qual o espaço se revela como um fenômeno originário no cerne mesmo da *analítica existencial do ser-aí*. Para a consecução desse propósito, as próprias questões e encaminhamentos veiculados pela *analítica do ser-aí* devem trazer à tona a necessidade de se resgatar o problema da investigação ontológica na ciência geográfica e imprimir, nesse resgate, o significado que uma investigação, assim conduzida, assumiria no plano interno dessa ciência.

Diante dessa orientação, seria legítimo objetar: em que medida a retomada dessa problemática encontra amparo ou justificativa no plano interno dessa ciência? A referida retomada traduz uma tarefa legítima à ciência geográfica ou significaria a intrusão numa problemática filosófica que, assim, seria forçada de maneira inapropriada para o âmbito interno da ciência geográfica? Em sendo, por sua vez, uma tarefa legítima à ciência geográfica, a investigação sobre sua fundamentação ontológica encontra ressonância no debate interno da própria geografia? Se tal ressonância ocorre, como, de fato, ela se exprime?

Uma resposta, tão trivial quanto evasiva, aos propósitos do presente trabalho, seria apontar e arrolar a existência inegável do assunto, isto é, da ontologia do espaço geográfico, no *corpus* da historiografia da ciência geográfica. Essa resposta, embora não seja destituída de uma pertinência formal, não oferece um argumento de conteúdo consistente, que buscar-se-á desdobrar no que segue.

Sugere-se, nesse sentido, que uma forma de buscar dirimir as objeções e questões enunciadas poderia ser considerada procurando lastrear o próprio modo com o qual o espaço, fundamentalmente, tornou-se acessível como objeto precípuo da ciência geográfica. Ou, formulado de outra forma: um caminho possível para tentar fomentar uma reflexão consequente a partir dos questionamentos arrolados seria considerar a orientação prévia desde a qual o espaço é prevalentemente determinado no debate teórico da Geografia.

Partindo de diretrizes do pensamento de Heidegger – que serão trazidas à tona de forma detida mais adiante – a despeito das múltiplas perspectivas com as quais o espaço foi determinado na teoria da Geografia, haveria uma resolução fundamental, que estaria à base da diversidade mesma das determinações teóricas sobre o espaço como objeto na Geografia: a determinação cartesiana segundo a qual o traço irredutível do espaço corresponde à sua condição enquanto *res extensa*. Isso pois, de acordo com o pensamento de Heidegger, o significado da representação do espaço como *res extensa* não constitui meramente um atributo que, a rigor, se restringiria à tematização específica de um ente em particular (o espaço) no plano das diversas ciências modernas que se dedicam à tematização do espaço – sob as mais diversas formas de objetivação – mas diria respeito, sobretudo, a uma dimensão muito mais ampla, a saber: à estruturação nuclear da concepção da teoria do conhecimento moderno em geral calcado no esquematismo cartesiano sujeito-objeto enquanto correlato das dimensões básicas do princípio de estruturação da realidade moderna a partir do binômio *res cogitans e res extensa,* que se tornou normativa (*lato senso*) para a filosofia e ciência modernas.

Assim, a indicação de uma resolução fundamental acerca das proposições teóricas do espaço vigente nas diversas proposições teóricas sobre o espaço como objeto da geografia moderna, proveniente do cartesianismo, não residiria num acolhimento inadvertido da filosofia cartesiana como *cânon* do pensamento moderno; tampouco a representação dominante do espaço como *res extensa* seria fruto de uma tematização específica sobre a natureza de um ente (objeto) particular, o espaço – de forma alguma: a representação do espaço como *res extensa* constitui o derivado do modo de estruturação do pensamento instaurado pela modernidade filosófica com Descartes, assentado no esquematismo sujeito-objeto, que traduz os elementos básicos de apreensão moderna da realidade, que se tornou o parâmetro pregnante para a filosofia e ciência moderna, enquanto princípio da própria realização histórica do mundo moderno. Isso se verifica, como será evidenciado mais adiante, em função do caráter derivado das diversas proposições teóricas sobre o espaço na Geografia tendo como base implícita (ou explícita) a relação sujeito-objeto que, na condição de estrutura predominante à elaboração da teoria do conhecimento moderno mediatiza, por sua vez, também de forma prevalente, o modo com o qual é, usualmente, concebida a relação entre homem e meio (ou sociedade e natureza), decisivas à conceptualidade mais nuclear legada da Geografia Tradicional ao debate teórico contemporâneo na ciência geográfica (Pickles, 1985; Moreira, 2012)[39].

Com base no exposto, torna-se indispensável salientar que a indicação da vigência de uma resolução fundamental à base das representações teóricas sobre o espaço como objeto da Geografia, não se confunde, de modo algum, com o acolhimento deliberado (ou inadvertido) de um conceito cartesiano acerca do espaço, que, assimilado na Geografia Tradicional, teria se reproduzido de modo incólume ao longo da história do pensamento geográfico até o debate atualmente em curso sobre a natureza do objeto geográfico. A indicação de uma resolução fundamental diz respeito, antes de tudo, à toda proposição sobre a natureza do espaço que permanece tributária do esquematismo sujeito-objeto, cuja proveniência historial remete precipuamente à fundação da modernidade filosófica, enquanto processo que impeliu um princípio de realização da época histórica na qual o caráter científico da geografia atual foi estabelecido: a modernidade. Por isso, uma problematização consequente dessa resolução ontológica fundamental do espaço como *res extensa*, somente poderia ser levada a termo mediante um aporte filosófico que permita colocar radicalmente em questão o esquematismo que sustenta a estruturação do modo de pensar filosófico-científico moderno assentado na relação sujeito-objeto. A propósito, não é outra senão a necessidade intrínseca à fenomenologia de Heidegger de colocar radicalmente em questão o parâmetro filosófico-científico moderno tributário da relação sujeito-objeto, que suporta e é consumada na modernidade pela filosofia cartesiana.

---

[39] Tal como exposto no parágrafo, os argumentos e interrogantes referidos à tradição da ciência geográfica parecem, de fato, dotados de uma carga de generalização excessiva, a ponto de poderem, de fato, ser considerados "grosseiros" – e isso não somente quando se leva em conta a tradição secular da Geografia moderna, mas, sobretudo, o caráter plural e diverso que caracterizam os debates contemporâneos no âmbito da epistemologia da Geografia, que articula uma discussão amplíssima sobre o espaço como objeto da Geografia. E, de fato, quando se leva em consideração o perfil pluralista e a complexidade crescente que o debate teórico-metodológico e epistemológico assumiu na Geografia, as assertivas contidas no parágrafo parecem assumir uma posição em favor de um "juízo" que se poderia considerar "ingênuo" sobre o assunto. Isso porque, sobretudo, quando se tem em vista que o contexto marcado pela pluralidade do debate teórico-epistemológico em curso nessa disciplina envolve, até mesmo, a via da fenomenologia (em geral) no referido debate. A despeito da pertinência dessas objeções é, entretanto, necessário contra-argumentar: o oposto, contudo, não se verifica; isto é, a despeito da abrangência e inequívoca pluralidade internas ao debate teórico-epistemológico na Geografia sobre a natureza do espaço, em contrapartida, a especificidade e peculiaridade características de uma investigação fenomenológico-hermenêutica sobre o problema da fundamentação ontológica da ciência geografia permanece uma via protodesenvolvida ou, ainda, constitui uma via conduzida de forma tão incipiente quanto deturpada, a ponto de extraviar-se de si própria – como no caso da Geografia humanista. Nesse caso, o referido extravio se verifica não em função da fragilidade e das limitações do debate teórico-epistemológico corrente na Geografia contemporânea, mas em função da força de profusão que esse debate assume e, assim, submete o significado estrito de uma vertente da filosofia fenomenológica – como no caso de Heidegger – a uma tratativa que inviabiliza a inteligibilidade de seus elementos mais básicos, converte-a numa via estéril para a experiência de pensamento propriamente fenomenológica.

Assim, tanto quanto a vigência de uma resolução ontológica fundamentada no esquematismo sujeito-objeto cartesiano não se confunde com a assimilação inadvertida de um conceito "cartesiano" de espaço[40] (que teria permanecido incólume na história do pensamento geográfico moderno), tampouco uma investigação ontológica na Geografia, a partir da fenomenologia de Heidegger, não pode ter em vista a mera "extração" de um conceito "heideggeriano" de espaço, ao contrário: é por meio do acesso ao que está em questão na instauração do modo de pensar aspirado por esse filósofo, portanto, em convergência à tarefa de retomada da questão sobre o sentido de ser, que estaria contida uma interpretação do espaço enquanto fenômeno

---

[40] Deve estar evidente que não se trata de um problema que diz respeito meramente à possibilidade de formulação "conceitos" de espaço dotados de significação a mais distintas, mas de resoluções ontológicas que estão tacitamente à base mesma da possibilidade de formulações conceituais as mais diversas sobre o espaço. Não fosse esse o caso, a argumentação, ainda que se pretenda amparada pelo pensamento de Heidegger, poderia ser frontalmente rejeitada, sendo o suficiente, para tanto, apontar para as diferenças patentes da forma com a qual o conceito de espaço é formulado a partir da filiação à filosofia analítica, ao materialismo histórico-dialético, ao pós-estruturalismo, bem como ao pensamento kantiano, positivista etc. Fosse esse o caso, sem dúvida, esses argumentos cairiam por terra: não obstante, o que está em questão não são as modulações e diferenças dos modos de se representar conceitualmente o espaço, por diferentes filiações filosóficas, mas, antes disso, a clareza que se dispõe, em cada uma dessas orientações filosóficas, da presença tácita de um esquematismo de resolução ontológica de base que se faz exercer de modo inadvertido pela reprodução de um horizonte hermenêutico sedimentado, no caso, aquele forjado pela época histórica da modernidade filosófico-científica deflagrado pelo cartesianismo. Para considerar um exemplo que, estima-se, seja suficiente para dimensionar o que está em questão, seria pouco razoável esperar que no contexto da Geografia crítica-radical, filiada ao materialismo histórico e dialético, os avanços significativos que essa vertente imprimiu no que respeita à interpretação e explicação do espaço geográfico coadunasse com uma "concepção cartesiana" do espaço, na medida em que, fundamentalmente, ela se desenvolve a partir da crítica das concepções formais provenientes dessa concepção que permaneceram vigorando, por exemplo, na filiação positivista, neopositivista da filosofia analítica. Além disso, a filiação ao materialismo histórico e dialético disporia para a Geografia crítica uma via incontestável de superação do esquematismo sujeito-objeto, que se substantivava na ciência geográfica numa interpretação ideológica da relação homem-meio (ou sociedade-natureza): o trabalho (em sentido filosófico, enquanto *produção social*) constituiria o fundamento a partir do qual se daria a superação da dicotomia sujeito-objeto, função do papel que desempenharia enquanto via alternativa de princípio de estruturação da realidade que suplanta a interpretação dicotômica entre sujeito e objeto (e, por conseguinte, sociedade/homem-natureza/meio). Contudo, importa considerar se a contraposição ao esquematismo *sujeito-objeto* pode, efetivamente, suplantar esse esquematismo, meramente por meio de assertivas, por mais lógica que seja a coerência argumentativa. Particularmente, a própria terminologia do marxismo dialético desconsidera a evocação regular do homem como sujeito histórico e da via de uma objetivação racional da própria História, embora não se trate, de forma alguma, de uma questão semântica. A filosofia analítica, à qual a Geografia lógico-formal é filiada, também dispõe seu "arsenal" para confrontar uma posição "dicotômica", a mais emblemática, se substantiva através da concepção geossistêmica do espaço como objeto da Geografia. Contudo, de acordo com o pensamento de Heidegger, as objeções e contraposições assertivas, fundadas em filiações filosóficas modernas as mais distintas, não seriam, de forma alguma, suficientes para suplantar o modo insidioso com o qual o esquematismo prevalente da teoria do conhecimento moderno, assentado na relação sujeito-objeto, se imiscui no plano interno das ciências. Isso pois, para o filósofo, somente uma retomada da elaboração da questão do *sentido de ser*, que impele ao procedimento da *analítica do ser-aí* e, a partir disso, a restituição da estrutura *ser-no-mundo* teria condições de deslocar o esquematismo *sujeito-objeto*, demonstrando sua proveniência derivada do fenômeno *ser-no-mundo*, que permaneceria inacessível e invisível, sobretudo, em função da forma pregnante que a cientificidade moderna assumiu a direção do existente humano na época moderna e, ainda mais intensamente, na contemporaneidade.

originário que corresponderia o acesso à investigação do problema da fundamentação ontológica da ciência geográfica. Ou seja: o "contraponto" à estrutura sujeito-objeto característico à resolução ontológica normativa à filosofia e cientificidade moderna(s) proveniente(s) do cartesianismo se defrontaria com o significado da *estrutura ser-no-mundo* – que se impõe no bojo da realização da *analítica do ser-aí*, de acordo com as diretrizes da retomada da elaboração da questão sobre o sentido de *ser* em *Ser e Tempo*. Não obstante saliente-se que esse "paralelismo" não constitui, de modo algum, uma relação de equivalência, na medida mesma em que, por óbvio, o significado da análise da estrutura *ser-no-mundo* (que se efetiva pela descrição fenomenológica do *ser-aí* humano e do fenômeno *mundo*) não se deixe apreender e interpretar – fenomenologicamente – a partir de uma analogia entre sujeito (*res cogitans*) e objeto (*res extensa*), ao molde cartesiano, implicando, ao contrário, uma experiência radicalmente distinta de pensamento, aquela que vem à tona por intermédio do escopo de retomada da elaboração da questão sobre o sentido do ser.

Com o propósito de retomar os desdobramentos dos questionamentos precedentes, a partir da interlocução direta com o pensamento do filósofo, é pertinente açular a problemática em tela trazendo à tona outra bateria de interrogantes: a forma com a qual o espaço é prevalentemente assimilado na ciência geográfica não seria, via de regra, tributária do modo com a qual a via teórico-filosófica (e científica) moderna, em seus eixos diretivos fundamentais, se postou em relação à natureza do espaço? E, sendo esse o caso, o modo prevalente de inteligibilidade e intepretação do espaço e, por consequência, de se investigar especificamente o espaço na Geografia, também não seriam marcadas por uma resolução ontológica prévia que, assim, pré-determinaria tanto a interpretação do espaço geográfico quanto direcionaria as investigações científicas positivas (empírico-aplicadas) nessa ciência? Em sendo assim, a ciência geográfica não permaneceria submetida a uma concepção pressuposta acerca da essência do espaço geográfico derivada de um horizonte histórico-hermenêutico sedimentado, legado pela história da tradição filosófica que, em suas diversas vertentes, se conjuminou à história da própria tradição da ciência geográfica e, a partir disso, se reproduziu de modo tácito no debate contemporâneo? De que maneira, entretanto, o modo com o qual o que é legado por essa tradição poderia interferir, efetivamente, no comportamento acionado pela atitude teórica e científica? De acordo com Heidegger, esse condicionamento da tradição se exerceria, linhas gerais, da seguinte maneira:

> A tradição assim predominante tende a tomar tão pouco acessível o que ela "lega" que, na maioria das vezes e numa primeira aproximação, ela o encobre e esconde. Entrega o que é legado à responsabilidade da evidência, obstruindo, assim, a passagem para as "fontes" originais, de onde as categorias e os conceitos tradicionais foram hauridos, em parte de maneira autêntica e legítima. A tradição faz esquecer essa proveniência. Cria a convicção de que é inútil compreender simplesmente a necessidade do retorno às origens. A tradição desarraiga de tal modo a historicidade do ser-aí que ele acaba se movendo apenas no interesse pela multiplicidade e complexidade dos possíveis tipos, correntes, pontos de vista da filosofia, no interior das culturas mais distantes e estranhas [...] (Heidegger, 2013, p. 59).

Por isso, não seria excessivo ponderar a vigência de um parâmetro filosófico-histórico característico da tradição filosófica ocidental, catalisado pela eclosão da filosofia moderna em sua modulação cartesiana, vigorando no seio mesmo da Geografia moderna, no que diz respeito à intepretação e explicação da natureza do espaço. Outrossim, o modo de investigação fenomenológico-hermenêutica assume as questões que foram consideradas nos parágrafos precedentes, articulando dois aspectos que se manifestam como de fundamental importância aos objetivos do presente trabalho. Por um lado, vem à tona a necessidade de problematizar o horizonte interpretativo legado pela tradição por meio de sua "destruição ontológica" que sustenta a vigência dessa tradição na atualidade. De outro lado, trata-se de ponderar que as questões que foram colocadas anteriormente não se orientam no sentido de uma expectativa de respondê-las de forma definitiva, mas tendo em vista buscar a proveniência historial desde a qual as referidas questões ganham relevância.

Não por acaso, esse caminho voltado à prospecção das raízes da investigação ontológica do estatuto da cientificidade moderna foi desenvolvido por Heidegger em *Ser e Tempo* ao investigar a determinação cartesiana de mundo. Porém, antes de se considerar esses dois aspectos, há ainda uma questão prévia que, por tudo quanto foi argumentado ao longo deste item do trabalho, precisa ser considerada, qual seja: qual a natureza da relação entre a determinação cartesiana de mundo e a acepção do espaço como *res extensa*? Quanto a isso o filósofo argumenta que,

> Descartes vê a determinação ontológica fundamentalmente do mundo na *extensio*. Como, por um lado, a extensão é um

> dos constitutivos da espacialidade e segundo Descartes, chega até a ser idêntica a ela, e como, por outro lado, a espacialidade constitui, em certo sentido, o mundo, a discussão da ontologia cartesiana de "mundo" propicia igualmente um ponto de apoio negativo para a explicação positiva da espacialidade do mundo circundante e do próprio ser-aí (humano) [...] (Heidegger, 2013, p. 140, grifo do autor).

Considerando a forma com a qual o debate teórico acerca da natureza do espaço floresceu a reboque do movimento de renovação da Geografia, desde a década de 1970, não deixa de causar espanto a maneira com a qual a gravidade dessa assertiva foi amplamente desconsiderada no debate derivado do referido movimento de renovação da ciência geográfica. De qualquer modo, a determinação do mundo e do espaço como *res extensa* permaneceu assentada na distinção estabelecida por Descartes – e decisiva para a filosofia e ciência modernas – qual seja, assentada na cisão entre sujeito (espírito) e objeto (natureza), posto que

> Descartes distingue o *"ego cogito"* como *res cogitans* da *"res corporea"*. Essa distinção determinará ontologicamente a distinção posterior entre "natureza" e "espírito". Por mais que do ponto de vista ôntico, essa oposição esteja presa a tantas derivações de conteúdo, a falta de clareza de seus fundamentos ontológicos e dos próprios membros da oposição radica-se diretamente nessa distinção efetuada por Descartes. Dentro de que compreensão ontológica Descartes determinou o ser destes entes? O termo para o ser de um ente em si mesmo é *substantia*. Esta expressão designa ora o ser de um ente como substância, *substancialidade*, ora o próprio ente, *uma substância*. Essa ambiguidade de *substantia*, que já trazia em si o antigo conceito de οὐσία, não é casual (Heidegger, 2013, p. 140, grifo do autor).

As análises fenomenológicas que Heidegger desenvolveu em *Ser e Tempo* sobre a determinação cartesiana do mundo como *res extensa* trouxe à tona um componente fundamental para o pensamento fenomenológico: a constatação de que a determinação cartesiana do mundo como *res extensa* está fundada em uma resolução ontológica sobre o "ser" dos entes enquanto "substância", isto é, como uma "essência" que seria anterior à própria existência.

Qual seria, para Heidegger, o problema desse estatuto de resolução ontológica assumido por Descartes? A atitude ontológica fundamental de Descartes seria uma manifestação do conceito de *ser* que emergiu de maneira originária no âmbito do pensamento grego a partir da noção de οὐσία, que fundamentalmente correspondeu a uma forma de determinação significativa do *ser* como "presença constante"[41], que foi legado na tradição da filosofia ocidental.

Dessa forma, a determinação do *ser* assumida por Descartes teria prescindido, de acordo com Heidegger, não somente de uma tematização explícita sobre o *ser*, mas, sobretudo, teria passado ao largo da necessidade de questionar o *sentido de ser*. É nesse contexto que vem à tona o papel de fundamental importância da "destruição ontológica" por meio do método fenomenológico desenvolvido por Heidegger a partir da *analítica do ser-aí*, que orienta a retomada da elaboração da questão sobre os sentido de ser, em *Ser e Tempo*:

> Na descontrução (destruição ontológica) dos valores e pressupostos cartesianos operados por Heidegger, tornam-se claros os fundamentos ontológicos da determinação do mundo como *res extensa*. O esforço revela que, no caminho de Descartes, a ideia de substancialidade não é esclarecida no sentido de seu ser, ou seja, não se pergunta pela fundamentação da orientação que entende que ser é tudo aquilo que permanece o mesmo, que subjaz, pré-existe e subsiste à experiência. Além disso, seguindo o desvio pela propriedade principal da substância, a ideia própria de substância é tomada e apresentada como uma espécie de limite para a investigação filosófica, como algo que fosse, por si só, impossível de esclarecimento e que por isso, devesse ser admitido por todos como pressuposto (Henriques, 2014, p. 82, grifo do autor).

Isso revelaria que a determinação de mundo e de espaço que estariam à base das resoluções ontológicas fundamentais do pensamento filosófico de Descartes não teriam sido divisadas por meio de uma investigação explícita quanto aos seus fundamentos, mas teriam sido inversamente aquiescidos

---

[41] Procede, nesse ponto, considerar a proveniência dessa determinação ontológica, para o que recorre-se à contribuição de Casanova (2013a), para quem: [...] οὐσία designa a princípio aquela dimensão do ser que perdura por mais de um instante, que possui uma certa duração. A οὐσία marca o surgimento de uma certa presença constante que será decisiva para a tradução posterior do termo e que encerra em si uma relação entre ser e tempo que permanecerá velada durante toda a tradição do pensamento metafísico. Ao traduzirem οὐσία por substância, porém os romanos não se ativeram propriamente à significação etimológica do termo, nem tampouco se ativeram à experiência temporal que se acha à sua base. Ao contrário, eles procuraram encontrar muito mais uma noção que sintetizasse radicalmente uma propriedade essencial do termo grego. Como οὐσία descreve aquilo que perdura para além das transformações do mundo fenomênico ou seja, como ela se encontra para além da lógica daquilo que está submetido à dinâmica da geração e da corrupção [...], e como tudo o que se encontra na superfície se vê imediatamente sujeito a tais transformações, a οὐσία não pode ser nada superficial mas precisa se mostrar como algo sub-jacente, como algo que se acha por debaixo da gama acidental dos dados empíricos [...] (p. 61-62, grifo nosso).

a partir da assunção de uma determinação do *ser*, legada pela tradição do pensamento filosófico grego que não teria sido colocada em questão no que concerne a sua fundamentação e, desse modo, teria permanecido inquestionada, no seio mesmo da filosofia moderna-cartesiana. Assim, para Heidegger,

> [...] tornaram-se claros os fundamentos ontológicos da determinação de "mundo" como *res extensa*: a ideia de substancialidade não é esclarecida no sentido de seu ser, sendo, ademais, apresentada como o que não se deixa esclarecer quando se segue o desvio pela propriedade principal da respectiva substância. A razão para a ambiguidade do termo está na determinação da substância através de um ente substancial. O que se visa é a substancialidade, mas ela é entendida a partir de uma propriedade ôntica da substância. Porque o ôntico é colocado abaixo do ontológico, a expressão substância exerce um significado ora ontológico ora ôntico, funcionando, porém, na maioria das vezes, como significado misturado. Todavia, por detrás dessa diferença somenos importante de significado, permanece velado que não se chegou a dominar o problema ontológico fundamental [...] (Heidegger, 2013, p. 146, grifo do autor).

Segundo Henriques (2014), tendo como referência Heidegger, o problema da posição ontológica fundamental de Descartes é que a investigação se direciona apenas aos entes, isto é, ao plano ôntico. A própria investigação ontológica se orientaria para a inteligibilidade desse plano ôntico e, desse modo, o *ser* passaria a ser determinado pelo ente. No entanto, como Heidegger (2013) faz notar mediante uma distinção absolutamente central em *Ser e Tempo*, a saber, por meio da diferença ontológica "[...] *o ser dos entes não 'é' em si mesmo um outro ente* [...]"[42] (p. 41, grifo nosso).

Ao determinar o mundo e o espaço como *res extensa*, Descartes assumiu uma determinação do *ser* que afetou, de maneira decisiva (e historialmente) o modo mesmo como a ontologia passou a ser pensada no âmbito mais geral

---

[42] Essa indicação presente em *Ser e Tempo* da diferença entre *ser* e ente é o que o filósofo *irá* designar pelo termo "diferença ontológica". Gadamer (2012) explica que "quando Heidegger fala mais tarde sobre a 'diferença ontológica' o que ele tem em vista é aquilo que ainda se acha inexpresso nessa primeira formulação. O que ele tem por meta com essa expressão é a diferença do ser em relação a todo ente. É extremamente obscuro o que isso deve significar. Nenhum homem sabe no fundo o que o conceito 'o ser' designa, e, apesar disso, nós todos temos uma primeira pré-compreensão ao ouvirmos a palavra 'ser' e compreendermos que aqui o ser, que cabe a todo ente, é elevado desde então ao nível do conceito. Com isso, ele é diferenciado de todo ente. É isso que significa inicialmente 'a diferença ontológica' [...]" (p. 70). Esse tema da "diferença ontológica" serviu de base para a problematização da determinação do espaço geográfico na Geografia crítica, visto que nessa corrente a determinação do ser do espaço se efetiva pela equivalência entre *ser* e sociedade. Desse modo a ontologia desenvolvida na Geografia crítica desconsidera o problema da "diferença ontológica" (Reis, 2009; 2012; Calçavara, 2013).

da filosofia moderna, isto é, recorrentemente a partir da determinação do *ser* por meio de outro ente, em consonância com a intepretação tácita da "substância" (ousia) como fundamento, isto é, como "presença constante".

> O decisivo, no caminho de Descartes, é que ele igualou o *ser* à constância de *ser simplesmente dado* [ente teórico], sem explicitar minimamente o direito com que se pode fazer essa gigantesca operação. E foi justamente a partir dessa ideia de ser que a concepção cartesiana prescreveu ao mundo o seu próprio ser. O erro está na base, no princípio ontológico desde o qual se prescreve a definição de todo e qualquer ente que se realiza. Se os entes se efetivam a partir de *extensão*, temos como consequência "natural" que é com o domínio e o controle da dimensão ôntica da realidade que a investigação filosófica deve se ocupar (Henriques, 2014, p. 80).

Esse modo de investigação que se movimenta a partir da determinação ontológica de "mundo" e do "espaço" pela *res extensa* enquanto "substância" faz com que ambos sejam, invariavelmente, apreendidos como anteriores à própria existência. Nesse modo de pensar, tanto o "mundo" como o "espaço" são apreendidos anteriores à *ek-sistência* do *ser-aí*. O problema desse modo de pensar é que, por meio dele, tanto o "mundo" quanto o "espaço" aparecem apenas como entes a serem apreendidos de maneira objetiva, pois foram pensados a partir de uma contraposição cindida em relação à *ek-sistência* do *ser-aí*. Para Heidegger, o que se verifica por intermédio das resoluções ontológicas fundamentais encampadas pela filosofia moderna cartesiana corresponderia a uma "desmundanização do mundo" que afeta a inteligibilidade dos entes – e, dentre eles, o espaço –, perdendo-se de vista a possibilidade de apreensão do espaço como fenômeno originário. Essa possibilidade emerge quando, por uma via radicalmente diversa às resoluções ontológicas cartesianas fundadas na estrutura "sujeito-objeto" (*res cogitans, res extensa*) se considera a estrutura *ser-no-mundo*. Isso porque

> [...] O decisivo para uma compreensão do problema ontológico do espaço consiste em libertar a questão sobre o ser do espaço da estreiteza dos conceitos ontológicos disponíveis e em sua maioria não elaborados. E, além disso, em esclarecer pelas possibilidades do ser em geral a problemática do ser do espaço, no tocante ao próprio fenômeno e às diversas espacialidades fenomenais.

No fenômeno do espaço[43], não se pode encontrar nem a única e nem a determinação ontológica primordial do ser dos entes intramundanos. Tampouco ele constitui o fenômeno do mundo. O espaço só pode ser concebido recorrendo-se ao mundo. Não se tem acesso ao espaço, de modo exclusivo ou primordial, através da desmundanização do mundo circundante. A espacialidade só pode ser descoberta a partir do mundo e isso de tal maneira que o próprio espaço se mostra *também* um constitutivo do mundo, de acordo com a espacialidade essencial da presença (*ser-aí*) no que respeita à sua constituição fundamental de ser-no-mundo (Heidegger, 2013, p. 168, grifo do autor).

Considerar, contudo, o significado de *"desmundanização do mundo"* e o modo como essa "desmundanização" provoca uma desarticulação da possibilidade do acesso ao espaço como fenômeno originário, implica, de imediato, questionar o que seria pensar o espaço como fenômeno originário constitutivo do mundo – ou seja, implica levantar a seguinte questão: o que seria a "mundanidade do mundo" como fenômeno constitutivo da dinâmica espacializante do *ser-aí*? Acerca da interpretação dessas formulações, destaca-se a passagem a seguir:

[...] O sentido da expressão *"mundanidade do mundo"* exprime, antes de tudo, a ideia de um todo que já está, antes mesmo de qualquer experiência, em alguma medida descoberto, e que, por isso mesmo, pode se oferecer como o *onde* de todo desencobrimento posterior dos entes que nele se encontram. É precisamente pelo fato desse seu caráter tão originário que Heidegger inicia sua analítica existencial [*do ser-aí*] debruçando-se sobre os conceitos de *"ser-no-mundo"* e de *"mundanidade do mundo"*, por não haver nenhuma outra instância anterior que pudesse "explicá-los" ou "introduzi-los": apenas esses dois conceitos, mutuamente constitutivos, poderiam ser tomados como ponto de partida para a analítica e a ontologia concebida por Heidegger (Saramago, 2008, p. 62-63, grifo da autora).

---

[43] Na evocação de formulações tais como "fenômeno do espaço"; "espaço como fenômeno originário"; "espacialidade essencial do *ser-aí* humano"; ou "conceito 'fenomenológico' do espaço" – o que se deve considerar é, fundamentalmente, o questionamento sobre "o *ser* do espaço" – isso implica, em consonância com o pensamento de Heidegger, levar em consideração a diferença ontológica entre *ser* (ou o fenômeno fenomenologicamente experienciado) e o *ente* – ou seja, a diferença ontológica radical entre ser e ente(s) mediante a qual, se, por um lado, a noção de ente significa tudo aquilo que, de algum modo, se constitui como "algo" passível de representação categorial; por outro lado, a referência ao *ser* precisa ser preservada, necessária e estritamente sob a condição de uma *questão* que, a propósito, não carece somente de uma resposta, quanto, sobretudo, carece de uma retomada de elaboração expressa enquanto questão.

Assim, como será ratificado no que segue, para que toda e qualquer representação sobre o(s) ente(s) seja possível – dentre os quais, por exemplo, do espaço como objeto da ciência geográfica – é necessário que o referido ente se manifeste co-originariamente na abertura que corresponde à espacialidade existencial inerente à *ek-sistência* do *ser-aí* como *ser-no-mundo*. Ou seja, o fenômeno do espaço é co-originário ao fenômeno do *ser-aí* como *ser-no-mundo*.

Por isso, a "mundanidade do mundo" e, por conseguinte, o espaço como fenômeno originário, se impõem no caminho investigativo da fenomenologia-hermenêutica direcionada à retomada da elaboração da questão sobre o *sentido de ser*, pois, por meio da descrição fenomenológica da "mundanidade do mundo", seria possível acompanhar e descrever o espaço como fenômeno originário. A descrição da "mundanidade do mundo", fenomenologicamente aduzida, é, portanto, de fundamental importância o desenvolvimento de uma investigação fenomenológica da ontologia do espaço na Geografia, na medida em que essa investigação só seria possível a partir desse encaminhamento, na medida em que é por meio da descrição do fenômeno originário da "mundanidade do mundo" que se torna acessível à espacialidade constitutiva do fenômeno *ser-no-mundo*.

Assim, a "mundanidade do mundo" manifestaria a maneira pela qual já sempre se abriu uma compreensão espacializante na dinâmica do *ser-no-mundo*, na qual a existência do *ser-aí* e o "mundo" se constituem mutuamente como um fenômeno co-originário.

Sendo assim, a própria possibilidade de aceder à espacialidade constitutiva do *ser-aí* aponta para a necessidade de se acompanhar a descrição fenomenológica da dinâmica de realização da estrutura *ser-no-mundo*. Para tanto Heidegger assume, em *Ser e Tempo*, como "caminho" metodológico a descrição fenomenológica do *ser-aí* mediano como tema da *analítica existencial do ser-aí* (Saramago, 2008). Esse caminho reforça, uma vez mais, a centralidade da interpretação da estrutura *ser-no-mundo* e indica, por meio da investigação do *ser-aí* mediano, que essa via deve se orientar pela descrição fenomenológica da "mundanidade do mundo" – isto é, pelo horizonte histórico-hermenêutico sedimentado no qual o *ser-aí* já sempre está em meio a uma determinada compreensão sobre o *sentido de ser*.

Quanto a isso, importa, sobretudo, ressaltar que, para Heidegger (2013), na própria dinâmica de realização do fenômeno *ser-no-mundo* a dimensão espacial se funda e manifesta, como fenômeno originário, mediante a descrição do *existencial ser-em* – um existencial tão central para a reabilitação da questão acerca do *sentido de ser* quanto, em igual medida, para encetar uma investigação sobre a fundamentação ontológico-existencial da ciência geográfica sob a fenomenologia-hermenêutica[44]. Cabe, portanto, orientar uma exposição mais detida do referido *existencial*, a fim de sinalizar o significado que ele poderia assumir para a problematização de uma Geografia em bases fenomenológicas:

> O que diz *ser-em?* De saída, completamos a expressão, dizendo: ser "em um mundo" e nos vemos **tentados** a compreender o ser-em como um estar "dentro de..." [...]. Com esta última expressão, designamos o modo de ser de um ente que está num outro, como a água está no copo, a roupa no armário. Com este "dentro" indicamos a relação recíproca de ser de dois entes extensos "dentro" do espaço, no tocante a seu lugar neste mesmo espaço. Água e copo, roupa e armário estão igualmente "dentro" do espaço "em" um lugar. Esta relação de ser pode ampliar-se por exemplo: o banco na sala de aula, a sala na universidade, a universidade na cidade e assim por diante até: o banco "dentro do espaço cósmico". Esses entes, que podem ser determinados como estando um "dentro" do outro, têm o mesmo modo de ser do que é simplesmente dado, como coisa que ocorre "dentro" do mundo. Ser simplesmente dado "dentro" do que está dado, o ser simplesmente dado junto com algo dotado do mesmo modo de ser, no sentido de uma determinada relação de lugar, são caracteres ontológicos que chamamos de *categorias*. Tais caracteres pertencem ao ente não dotado do modo de ser do ser-aí.
>
> O ser-em, ao contrário, significa uma constituição de ser do ser-aí e é um *existencial*. Com ele, portanto, não se pode pensar no ser simplesmente dado de uma coisa corpórea (o corpo vivo do humano) "dentro" de um ente simplesmente dado. O ser-em não pode indicar que uma coisa simplesmente dada está, espacialmente, "dentro de outra" porque, em sua origem, o "em" não significa de forma alguma uma relação espacial desta espécie; "em" deriva-se de *innan-*, morar, habitar, deter-se; "*an*" significa: estou acostumado a, habituado a, familiarizado com, cultivo alguma coisa; possui o significado de *colo*, no sentido de *hábito* e *diligo*. O ente, ao qual pertence o ser-em, neste sentido, é o ente que sempre eu mesmo sou. A expressão "sou" conecta-se a "junto"; "eu sou" diz por sua

---

[44] Cf. Pickles, (1985), Silva (2018) e Reis *et al.* (2021).

vez: eu moro, detenho-me junto... ao mundo, como alguma coisa que, deste ou daquele modo, me é familiar. Como infinitivo de "eu sou", isto é, como existencial, ser significa morar junto a, ser familiar com. *O ser-em é, pois, a expressão formal e existencial do ser do ser-aí que possui a constituição essencial de ser-no-mundo* (Heidegger, 2013, p. 99-100, grifo do autor).

O "ser-em" indica que a espacialidade do *ser-aí*, que se torna manifesta por meio da estrutura *ser-no-mundo*, é a condição de possibilidade de toda representação do espaço que passível de emergir a partir da dinâmica existencial do poder-ser do *ser-aí*. A espacialidade que corresponde ao existencial "ser-em" é condição de possibilidade das representações teóricas e categoriais sobre o espaço, na medida em que integra a estrutura originária do fenômeno *ser-no-mundo* e, somente a partir da qual toda a derivação de outros modos de ser e representar o espaço são possíveis, tais como o espaço geométrico, o espaço natural e o espaço geográfico. Esse caráter originário da espacialidade correlata ao existencial "ser-em" intrínseco ao fenômeno *ser-no-mundo* foi sublinhada por Saramago:

> É importante observar que o termo *espacialidade* (Räumlichkeit) refere-se sempre à instância mais "originária", isto é, refere-se ao mundo. Somente a partir dessa espacialidade mundana podem derivar-se *locais* (Orte) ou qualquer tipo particular de *espaço* (Raum), como o espaço geométrico, por exemplo [ou, acrescente-se, o espaço *geográfico;* o espaço *lógico;* o espaço cósmico; etc...]. A palavra "espaço" tem nesse momento um sentido sempre derivado, isto é, sua compreensão se dá apenas a partir da compreensão da espacialidade fática, que se origina e se revela *no* mundo (Saramago, 2008, p. 45, grifo da autora).

O "existencial ser-em" aponta, assim, para uma experiência de relação com o espaço que, enquanto constitutiva da espacialidade do *ser-aí*, é mais originária do que o espaço pensado a partir do esquematismo sujeito-objeto. A exposição desses elementos da fenomenologia-hermenêutica de Heidegger, sumariamente expostos, permitiria apontar para a necessidade de se considerar de que modo para a investigação ontológica sobre o espaço na Geografia a partir do pensamento do filósofo poderia ser profícua. Seguindo o caminho do pensamento de Heidegger, revela-se que a discussão sobre a ontologia do espaço na Geografia preteriu, via de regra, o modo de ser desse ente que é, em si mesmo, originariamente "espacializante" e, assim, alijou a espacialidade constitutiva da dinâmica existencial do *ser-aí* que emerge junto à estrutura "ser-no-mundo".

Mas, o que, enfim, uma investigação sob essa orientação poderia significar para a discussão sobre a fundamentação ontológica do espaço na Geografia? Essa questão traz à tona a necessidade de se retomar, uma vez mais, o argumento presente no início desse tópico, a saber: o significado que a *analítica do ser-aí* pode assumir para a investigação sobre o problema da fundamentação ontológica do espaço na Geografia. Sobretudo, o significado dessa investigação não deveria se orientar, precipitadamente, para a expectativa de fundamentar uma teoria do espaço geográfico que seria dotado, assim, de um estatuto de resolução ontológico, eventualmente divergente do modo com o qual o assunto é considerado por intermédio de outras filiações filosóficas. Ao contrário, sugerir que o geógrafo assuma a *analítica do ser-aí* como uma tarefa legítima ao escopo de suas investigações deveria, antes de tudo, fazer repercutir, entre os geógrafos, o próprio âmbito no qual a *analítica do ser-aí* concretiza sua dinâmica existencial.

O pensamento de Heidegger, ao questionar o legado precípuo da tradição filosófica mediante o qual se reproduz uma interpretação do *ser* enquanto "presença constante", qualificou esse legado enquanto expressão do "esquecimento do *ser*" característico da Metafísica. Assim, toda a ontologia que se oriente por meio de uma determinação do *ser* como "substância" constitui uma ontologia "metafísica" que extravia a necessidade de se retomar a questão acerca do *sentido de ser*. De que modo, assim, seria possível reconhecer que o debate ontológico vigente no interior da Geografia corresponde ao perfil característico de uma ontologia "metafísica", legada pela tradição?

Notadamente, o debate ontológico sobre o espaço na Geografia que se desenvolveu de maneira mais consistente e sistemática a partir da década de 1970, no contexto de renovação crítica da Geografia, estabeleceu um estatuto de resolução ontológica segundo o qual tanto o *ser* do espaço, quanto, igualmente, o *ser* enquanto tal, foram determinados por meio de uma equivalência entre *ser* e *sociedade*. Esse estatuto estabeleceu um princípio de determinação ontológica do *ser* como "ser social" e, a partir disso, foi possível endossar a produção social do espaço como equivalente ao objeto da ciência geográfica (Calçavara, 2013; Pedrosa, 2012; Reis, 2009, 2012). No entanto, ao determinar o *ser* do espaço geográfico por meio de uma ontologia fundada no "ser social" o debate ontológico desenvolvido a reboque da renovação crítica da Geografia permaneceu tributária de uma determinação pressuposta sobre o *sentido de ser*, que continua vigente no debate teórico da disciplina sobre o assunto.

A Geografia humanista, por sua vez, mesmo em sua vertente fenomenológica, procurou desenvolver uma ontologia geográfica a partir da proposição da geograficidade (Holzer, 1998, 2010a, 2010b, 2001; Marandola Jr., 2012; Dal Gallo, 2015; Dal Gallo; Marandola Jr., 2015a, 2015b; Galvão Filho, 2019), no entanto, em função da leitura humanista de Heidegger, promoveu uma rotunda desarticulação entre a necessidade de uma retomada da questão sobre o *sentido de ser* com o plano da investigação ontológica em uma ciência particular e, por conseguinte, extraviou-se da apreensão acerca do significado que a *analítica do ser-aí* possui para qualquer problematização ontológica fomentada a partir da fenomenologia heideggeriana. Ao contrário, ao considerar a ontologia do espaço geográfico a partir da noção de geograficidade, haurida mediante uma interpretação humanista do pensamento de Heidegger, a perspectiva encampada pela Geografia humanista se orientou no sentido de recorrer ao filósofo tendo em vista a incorporação das noções heideggerianas por meio de *analogias formais* com a conceptualidade nuclear da ciência geográfica. Desse modo, a Geografia humanista ignorou o problema da *transgressão categorial*, que se revelou insidiosa nessa vertente da Geografia por meio da interpretação categorial das formulações existenciais cunhadas pelo filósofo. Assim, mesmo a Geografia humanista-fenomenológica que, na historiografia da Geografia, pode ser destacada como a vertente que de modo sistemático recorreu ao pensamento de Heidegger, dispensou, quando muito, um tratamento residual à *analítica existencial do ser-aí* e, por conseguinte, passou ao largo da possibilidade de se desenvolver uma problematização ontológica consoante ao pensamento do filósofo.

Conforme registrado no início do presente item, embora não se deva buscar um conceito de espaço geográfico na fenomenologia-hermenêutica de Heidegger, o pensamento do filósofo permite apreender que toda determinação teórico-conceitual é tributária de uma determinada interpretação sobre o significado do *ser* do ente (ou objeto) que pode, nesses termos, ser retomado enquanto questão. Essa possibilidade constitui, sugere-se, a contribuição que o pensamento do filósofo poderia oferecer para uma ciência em particular e, mais especificamente, para a Geografia, na medida em que permitiria investigar a determinação prévia do *sentido de ser* subjacente à toda e qualquer determinação conceitual, inclusive àquela que se efetiva pela determinação teórica do espaço como objeto da ciência geográfica. Esse caminho poderia contribuir para redimensionar a discussão sobre o assunto na ciência geográfica, na medida em que,

> O "movimento" próprio das ciências se desenrola através da revisão mais ou menos radical e, para elas próprias, não transparente dos conceitos fundamentais O nível de uma ciência determina-se pela sua *capacidade* de sofrer uma crise em seus conceitos fundamentais. Nessas crises imanentes da ciência, vacila e se vê abalado o relacionamento das investigações positivas com as próprias coisas questionadas [...] (Heidegger, 2013, p. 45, grifo do autor).

Esse caminho traria à tona a necessidade de uma investigação ontológica na Geografia que se desenvolva, sobretudo, sem estar condicionada pelos termos usuais com os quais a discussão epistemológica se efetiva nessa ciência, por mais rico e plural que o debate epistemológico possa ser considerado. De modo distinto, a reabilitação da questão ontológica na Geografia por intermédio da fenomenologia hermenêutica designa propriamente um caminho investigativo que assume e reivindica a legitimidade de o geógrafo assumir a tarefa da *analítica do ser-aí* como constitutiva de seu escopo investigativo – tanto quanto seria legítimo o geógrafo divisar uma interpretação consistente das bases ontológico-existenciais da ciência geográfica. Como foi pontualmente indicado anteriormente, a espacialidade constitutiva do *ser-aí* se funda no "existencial ser-em" que se manifesta na dinâmica de realização do *ser-aí* como *ser-no-mundo*.

Dessa maneira, a reabilitação pretendida do problema da fundamentação ontológica na Geografia apenas se tornará possível mediante um esforço de "retomar" o diálogo com o pensamento de Heidegger tendo em vista apreender, preliminarmente, as diretrizes de seu pensamento enquanto constitutiva de um âmbito de investigação fenomenológico-hermenêutico. O presente trabalho buscou contribuir nessa direção, procurando trazer à tona, tanto quanto possível, os traços básicos da via fenomenológico-hermenêutica com a qual o filósofo aspirou retomar a necessidade de elaborar a questão sobre o *sentido de ser*.

Por fim, a despeito de todo o teor crítico que perpassou a argumentação do livro, a reabilitação da investigação sobre a fundamentação ontológica, nos termos propostos, não deve ser pretendida sem registrar a necessidade de reter um sentido positivo com o qual a ontologia foi tratada, por outras vias, na Geografia. Assim, não fosse a conquista da problemática ontológica promovida por outras vertentes do pensamento geográfico, não seria possível propor um projeto de "reabilitação" da questão ontológica na ciência geográfica a partir dos parâmetros propostos. Por sua vez, deve ser reafirmado que a reabilitação da investigação sobre o assunto, nos termos pretendidos, implica dispensar um tratamento autônomo, ainda que em termos relativos, para uma investigação que tenha em vista o âmbito mesmo a partir do qual a questão concernente aos fundamentos ontológico-existenciais de uma ciência se constitui.

CONSIDERAÇÕES FINAIS

Ao longo do livro deve ter ficado evidente em que medida a leitura humanista do filósofo, gestada e reproduzida no bojo da Geografia humanista, tem potencial para obstruir o alcance e contribuição efetiva do pensamento de Heidegger para a ciência geográfica. Isso se revela patente tendo em vista a orientação das publicações filiadas à vertente humanista-fenomenológica na Geografia, influenciadas com maior ou menor intensidade pelo filósofo, seja para o fomento do debate epistemológico, à elaboração de metodologias de pesquisa de campo ou, ainda, para a efetivação de pesquisas empírico-aplicadas – em detrimento, por outro lado, da possibilidade de se abrir uma perspectiva de problematização das bases ontológico-existenciais dessa ciência. Ao fim e ao cabo, o anacronismo da leitura humanista do filósofo acaba se manifestando como expressão da deturpação e submissão de um problema científico legítimo (a relação entre a fenomenologia e o humanismo) em um pseudoproblema institucional, em função da necessidade de legitimação institucional de um "horizonte" epistemológico de uma ciência. Nada mais distante, portanto, das diretrizes da fenomenologia-hermenêutica de Heidegger.

Isso, pois, quando considerada a assimilação debitária de interpretação humanista do filósofo entre os geógrafos torna-se indispensável levantar as seguintes questões: na medida em que o pensamento de Heidegger é assimilado enquanto fecundo para fomentar uma perspectiva *humanista* na ciência geográfica, o que se poderia esperar de pesquisas empírico-aplicadas que se desenvolvam a partir dessa distorção de princípio? Qual seria o propósito de insistir na pertinência do recurso das formulações e do pensamento de Heidegger para legitimar uma ciência *humanista* seja no âmbito epistemológico ou no âmbito da pesquisa empírica? No caso de ainda se defender a plausibilidade de respostas afirmativas para essas perguntas, não foi suficientemente demonstrado, no desenvolvimento deste trabalho, o contrassenso que tal encaminhamento recairia? Não há, enfim, como entrever uma saída para o dilema que uma assimilação humanista do pensamento de Heidegger, seja qual for o desdobramento que se lhe imprima, que não seja o de chafurdar num contrassenso manifesto.

Não obstante, por outro lado, esse *estado da arte* diagnosticado no desenvolvimento do livro sobre o assunto na Geografia, acaba por endossar, ainda que a contrapelo, a legitimidade de se encaminhar uma via distinta de assimilação da fenomenologia "heideggeriana" nessa disciplina. Este livro procurou, notadamente a partir do capítulo 4 e, sobretudo, no capítulo anterior, contribuir para fomentar uma via nesse sentido, qual seja: a perspectiva que tem como meta precípua promover uma reabilitação da investigação sobre o problema da fundamentação ontológica na ciência geográfica, sob um diálogo renovado e estrito com Heidegger.

Conforme preliminarmente indicado desde a introdução, buscou-se demonstrar que o primeiro passo no sentido da reabilitação da investigação ontológica – tal como proposto – consistiria em compatibilizar a problemática concernente à fundamentação das bases ontológico-existenciais da Geografia com a *analítica do ser-aí*, cerne e fio condutor do método fenomenológico de investigação, de acordo com o modo com o qual Heidegger o apreende. O fato de que essa perspectiva de problematização permaneça pouco desenvolvida, seja pouco inteligível ou, mesmo, gere estranheza e dúvidas entre os geógrafos sobre sua pertinência, constitui uma evidência a favor e não contra sua legitimidade, tendo em vista a extensão do extravio que a *doxa humanista* imputou ao assunto na ciência geográfica. Nesse sentido, as contribuições que não promovem um esclarecimento suficiente acerca do sentido da referida "*analítica*" (ou o fazem de maneira insuficiente), acabam também não esclarecendo o significado do pensamento do filósofo para uma ciência, como se verifica, de forma insuspeita, no caso de publicações dedicadas ao assunto na Geografia (Reis, 2009; Reis, 2012; Dal Gallo, 2015; Dal Gallo; Marandola Jr., 2015a, 2015b; Holzer, 1998, 2010a, 2010b; Marandola Jr., 2009, 2010, 2012, 2016).

O esclarecimento da *analítica do ser-aí* não pode se limitar, por sua vez, à mera exposição teórica dos seus elementos e, por isso, torna-se imprescindível que o significado da *analítica do ser-aí* para a elaboração concreta da *questão acerca do sentido de ser* seja, efetivamente, esclarecida e disponibilizada entre os geógrafos. Essa orientação deslocaria a reabilitação do problema da fundamentação ontológica do plano estritamente teórico-metodológico para o plano existencial da produção da ciência[45].

Por essa razão, alguns gestos característicos das publicações que imputam uma leitura humanista ao pensamento de Heidegger podem ser

---

[45] A orientação sinalizada no parágrafo, contudo, não tem nada a ver com a tentativa de operacionalização do pensamento do filósofo em pesquisas empíricas, como se verifica abundante entre trabalhos recentes filiados à geografia humanista.

destacados enquanto extravios, mediante os quais a interlocução que o horizonte humanista tem encetado com o filósofo acaba por obstruir o acesso à reabilitação do problema da fundamentação ontológica por meio das coordenadas do pensamento do filósofo, quais sejam: por um lado, pela assimilação, por analogia formal, de noções do pensamento do filósofo que resguardam similitude com a conceptualidade da Geografia que, assim, são "importadas" para o debate teórico da disciplina, sem a cautela de nenhuma "mediação" interpretativa, que visasse resguardar o significado original das formulações que o filósofo cunhou. Por outro lado, e diretamente associado a essa "transposição" por analogias meramente formais (notadamente noções tais como "habitar"; "ser-no-mundo"; "lugar" [der Ort; der Platz]; "espaço" [der Raum]; região etc.), não é incomum, igualmente, o recurso dessas mesmas noções para a realização de "estudos de caso" ou pesquisas empírico-aplicadas (Bernal Arias, 2015; De Paula, 2010; Do Carmo, 2016; Freire, 2013; Galvão Filho, 2016; Nogueira, 2016; Reis, 2010) [46].

As vias indicadas, enquanto derivações da assimilação típica do filósofo na Geografia humanista, não podem, de fato, promover uma efetiva reabilitação do problema de sua fundamentação ontológica, na medida em que, a rigor, a experiência de pensamento em questão nas formulações de Heidegger só são acessíveis por meio de uma interpretação suficiente da elaboração da *questão sobre o sentido de ser* por meio da *analítica do ser-aí* (fonte primordial da *Ontologia fundamental* em *Ser e Tempo*), de tal forma que é imprescindível, preliminarmente, fornecer uma elucidação do que é próprio à *analítica do ser-aí* e sua vinculação com o problema da fundamentação ontológica em uma ciência específica. São poucos os estudos que disponibilizam esses elementos (Joronen, 2008, 2010, 2011, 2012, 2013; Elden, 1998, 2001, 2004, 2006; Pickles, 1985; Reis *et al.*, 2021; Silva, 2018; Reis; Santos, 2019). As analogias formais com as noções do pensamento do filósofo, bem como a precipitação da "aplicação" da fenomenologia de Heidegger em pesquisas empíricas, deveriam ser sustadas, em favor de uma demanda efetivamente

---

[46] O recurso ao pensamento de Heidegger para fomentar o debate de caráter epistemológico da ciência geográfica se efetiva, via de regra, por meio de toda pesquisa que proceda à incorporação do vocabulário ("conceitos") de Heidegger, mediante "analogias formais" com noções que exprimam similitude com a conceptualidade característica da Geografia. O debate epistemológico sobre as noções de "lugar" (Holzer; 1998, 1999a, 1997, 2014; Marandola Jr., 2014c); sobre "habitar" (De Paula, 2010; Do Carmo, 2016, Freire, 2013; Marandola Jr., 2008, 2014a); sobre o embate "Terra-Mundo" (Dal Gallo, 2015; Dal Gallo; Marandola Jr., 2015a, 2015b); dentre outros, ilustram essa absorção epistemologizante. De fato, o caráter problemático de se submeter a leitura do filósofo à esfera estritamente epistemológica da Geografia requer, para ser considerado de modo suficiente, uma incursão em elementos centrais do pensamento do filósofo.

fundamental, a saber, fomentar o sentido de seu pensamento no âmbito de uma ciência particular, levando em conta a advertência do próprio filósofo:

> [...] A ontologia **só pode contribuir indiretamente** para fomentar as disciplinas positivas existentes. Ela possui, por si mesma uma finalidade autônoma, **caso a questão do ser constitua o estímulo de toda busca científica**, além e acima de uma simples tomada de consciência dos entes [...] (Heidegger, 2013, p. 97, grifo nosso).

REFERÊNCIAS

AMORIM FILHO, Oswaldo B. A evolução do pensamento geográfico e a fenomeno-logia. **Sociedade & Natureza**, Uberlândia, ano 11, n. 21 e 22, p. 67-87, jan./dez. 1999.

BERNAL ARIAS, Diana Alexandra. **A rosa do deserto:** hidropoética do lugar no habitar contemporâneo. 2015. 120f. Dissertação (Mestrado em Geografia). Univer-sidade Estadual de Campinas, Instituto de Geociências, Unicamp, 2015.

BESSE, Jean-Marc. Geografia e Existência: a partir da obra de Eric Dardel. *In:* DARDEL, Eric. **O Homem e a Terra:** natureza da realidade geográfica. São Paulo: Editora Perspectiva, 2011.

BLANC, Mafalda de Faria. **Estudos sobre o ser.** Lisboa: Editora Fundação Calouste Gulbenkian, 1998.

BORNHEIM, Gerd. **Metafísica e Finitude.** São Paulo: Editora Perspectiva, 2001.

BUTTIMER, Anne. Apreendendo o dinamismo do mundo vivido. *In:* CHRISTOFO-LETTI, Antonio (org.). **Perspectivas da geografia.** São Paulo: Difel, 1982. p. 167-193.

CALÇAVARA, Reginaldo Alex. **O sentido da ontologia do espaço para a disso-lução da dicotomia** *geografia física-geografia humana*: estudo sobre o caso da geografia crítica brasileira a partir do pensamento de Martin Heidegger. 2013. 153f. Dissertação. (Mestrado em geografia). Pós-Graduação em Geografia, Universidade Federal do Espírito Santo, 2013.

CARNEIRO-LEÃO, Emmanuel. A fenomenologia de Edmund Husserl e a feno-menologia de Martin Heidegger. **Sofia,** v. XII, n. 17 e 18, p. 69-85, 2007.

CASANOVA, Marco Antônio. **Compreender Heidegger.** 4. ed. RJ: Vozes, 2013a.

CASANOVA, Marco Antônio. **Eternidade frágil:** ensaio de temporalidade na arte. RJ: Via Véritas, 2013b.

CASANOVA, Marco Antônio. **Mundo e Historicidade:** Leituras fenomenológicas de Ser e Tempo: volume um: existência e mundaneidade. RJ: Via Verita, 2017.

CERBONE, David R. **Fenomenologia.** 3. ed. Petrópolis, RJ: Vozes, 2014.

CLAVAL, Paul. **Epistemologia da geografia.** Florianópolis: Ed. da UFSC, 2011.

CLAVAL, Paul. **História da Geografia.** São Paulo: Edições 70, 2007.

CORRÊA, Roberto Lobato. Espaço um conceito-chave da Geografia. *In:* CORRÊA, Roberto Lobato. **Geografia:** conceitos e temas. 6. ed. Rio de Janeiro: Bertrand Brasil, 2003.

DAL GALLO, Priscila Marchiori. **A ontologia da Geografia à luz da obra de arte:** o embate Terra-Mundo em "Out of Africa". 2015. 97f. Dissertação (Mestrado em geografia). Universidade Estadual de Campinas, Instituto de Geociências, Unicamp, 2015.

DAL GALLO, Priscila Marchiori; MARANDOLA JR., Eduardo. O conceito fundamental de mundo na construção de uma ontologia da geografia. **GEOUSP:** espaço e tempo, v. 19, p. 551-563, 2015b.

DAL GALLO, Priscila Marchiori.; MARANDOLA JR., Eduardo; MARANDOLA JR. O pensamento heideggeriano na obra de Éric Dardel: a construção de uma ontologia da Geografia como ciência existencial. **Revista da ANPEGE**, v. 11, p. 173-200, 2015a.

DARDEL, Eric. **O homem e a terra:** natureza da realidade geográfica. SP: Perspectiva, 2011.

DE PAULA, Fernanda Cristina. **Constituição do habitar:** reassentamento do Jd. São Marcos para o Jd. Real. 2010. 129f. Dissertação (Mestrado em Geografia). Universidade Estadual de Campinas, Instituto de Geociências, Unicamp, 2010.

DO CARMO, Valéria Amorim. Por um habitar poético: o encontro da fotografia com a poesia de Manoel de Barros. **Revista da Abordagem Gestáltica-Phenomenological Studies**, v. XXI, n. 2, p. 134-139, 2016.

ELDEN, Stuart. Between Marx and Heidegger: Politics, Philosophy and Lefebvre's *The Production of Space*. **Antipode**, UK, V. 36, p. 86-105. 2004.

ELDEN, Stuart. **Mapping the Present:** Space and History in the Work of Friedrich Nietzsche, Martin Heidegger and Michel Foucault. 1998. 293f. Tese (Doutorado em Filosofia). Departament of Government at Brunel, UK, 1998.

ELDEN, Stuart. **Mapping the Present:** Heidegger Foucault and the Project of a Spatial History. London: Continuun, 2001.

ELDEN, Stuart. **Speaking Against Number: Heidegger, Language and the Politics of Calculation.** UK: Edinburg University Press, 2006.

ENTRIKIN, J. Nicholas. Contempory humanism in geography. **Annals of the Association Americans Geographers**, Washington, v. 66, n. 4, p. 615-632, 1976.

FERREIRA, Rafael Bastos. Geografia existencialista: notas para uma fenomenologia da humanidade. **R. Ra'e Ga**, Curitiba, v. 29, p. 157-176, dez. 2013.

FERREIRA, Rafael Bastos. Husserl, mundo-da-vida e geografia. **Revista da Abordagem Gestáltica-Phenomenological Studies**, v. XXI, n. 2, p. 119-126, 2016b.

FERREIRA, Rafael Bastos. **Mundo-da-vida como fundamento vital para as políticas de adaptação**. 2016a. 96f. Dissertação (Mestrado em Geografia). Universidade Estadual de Campinas, Faculdade de Ciências Aplicadas, 2016a.

FREIRE, Janaina Mourão. Habitar a terra e a gente do lugar: uma abordagem fenomenológica para compreensão da memória de seringueiros do estado do Acre. **Geograficidade**, v.3, n.1, p. 66-78, verão 2013.

GADAMER, Hangs-Georg. **Hermenêutica em retrospectiva**. 2. ed. Petrópolis, RJ: Vozes, 2012.

GALVÃO FILHO, Carlos Eduardo Pontes. **Por abismos... casas... mundos... Ensaio de geosofia fenomenológica.** Londrina: Eduel, 2019.

GERALDES, Eduardo Simões. Horizonte do Mundo Vivido: reflexões sobre a contribuição da Hermenêutica para a Geografia Humanista. **Geograficidade**, São Paulo, v.1, n. 1, Inverno 2011.

GOMES, Paulo Cesar da Costa. **Geografia e Modernidade.** 9. ed. Rio de Janeiro: Bertrand Brasil, 2011.

GOTO, Tommy Akira. Fenomenologia, Mundo-da-Vida e crise das ciências: a necessidade de uma Geografia fenomenológica. **Geograficidade**, SP, v. 3, n. 2, Inverno 2013.

HEIDEGGER, Martin. **Ser e Tempo.** 8. ed. Petrópolis, RJ: Vozes; Bragança Paulista, SP: Editora Universitária São Francisco, 2013.

HEIDEGGER, Martin. **Sobre o humanismo.** 3. ed. Rio de Janeiro: Tempo Brasileiro 2009.

HEMMING, Laurence Paul. **Heidegger and Marx:** A productive dialogue over the language of humanism. Northwestern University Press, 2013.

HENRIQUES, Rafael Paes. **Tecnologia, objetividade e superação da metafísica.** Vitória: EDUFES, 2014.

HOLZER, Werther. Mundo e Lugar: Ensaio de Geografia. *In:* HOLZER, Werther. **Qual o espaço do lugar?:** Geografia, epistemologia, fenomenologia. São Paulo: Perspectiva, 2014. p. 281-304.

HOLZER, Werther. A Geografia Humanista: uma revisão. **Espaço e Cultura (UERJ)**, v. ed. co, p. 137-147, 2008.

HOLZER, Werther. A construção de uma outra ontologia geográfica: a contribuição de Heidegger. **GEOGRAFIA**, Rio Claro, v. 35, n. 2, p. 241-251, maio/ago. 2010a.

HOLZER, Werther. A geografia fenomenológica de Eric Dardel. *In:* ROSENDAHL, Zeny; CORRÊA, Roberto Lobato (org.). **Matrizes da geografia cultural.** Rio de Janeiro: EDUERJ, 2001. p. 103-122.

HOLZER, Werther. A geografia fenomenológica de Eric Dardel. *In:* DARDEL, Eric. **O Homem e a Terra:** natureza da realidade geográfica. São Paulo: Editora Perspectiva, 2011.

HOLZER, Werther. A Geografia Humanista Anglo-Saxônica: de suas origens aos anos 90. **Revista Brasileira de Geografia**, Rio de Janeiro, v. 55, n. 1/4, p. 109-146, 1993.

HOLZER, Werther. **A Geografia Humanista:** sua trajetória de 1950 a 1990. 1992. 550f. Dissertação. (Mestrado em Geografia). Pós-Graduação em Geografia, Universidade Federal do Rio de Janeiro, 1992.

HOLZER, Werther. **A Geografia Humanista: sua trajetória de 1950 a 1990.** Londrina: Eduel, 2016.

HOLZER, Werther. **Um estudo fenomenológico da Paisagem e do Lugar:** a crônica dos viajantes no Brasil do século XVI. 1998. 234f. Tese (Doutorado em Geografia). Pós-Graduação em Geografia Humana, Universidade de São Paulo, São Paulo, 1998.

HOLZER, Werther. Uma discussão fenomenológica sobre os conceitos de Paisagem e Lugar, Território e Meio Ambiente. **Revista Território**, ano II, n. 3, p. 77-85, jul./dez., 1997a.

HOLZER, Werther. O Lugar na geografia humanista. **Revista Território**, ano IV, n. 7, p. 67-78, jul./dez., 1997b.

HOLZER, Werther. O método fenomenológico: Humanismo e a construção de uma nova Geografia. *In:* ROSENDAL, Zeni; CORREA, Roberto Lobato (org.). **Temas e Caminhos da Geografia Cultural.** RJ: Eduerj, 2010b, p. 37-71.

JORONEN, Mikko. Dwelling in the sites de finitudes: resisting the violence of the metaphycal. **Antipode:** A Radical Journal of Geography, v. 43, p. 1127-1154, 2011.

JORONEN, Mikko. Heidegger, Event and the ontological politics of the site. **Transactions of the Institute of British Geographers,** v. 38, p. 627-638, 2013.

JORONEN, Mikko. Heidegger on the History of Machination: Oblivion of Being as Degradation of Wonder. **Equinoxonline,** v. 13, p. 351-376, 2012.

JORONEN, Mikko. The tecnological metaphysics of planetary space: being in the age of globalization. **Environment and Planning D: Society and Space,** v. 26, p. 596-610, 2008.

JORONEN, Mikko. **The Age of Planetary Space:** On Heidegger, Being, and Metaphysics of Globalization. 2010. 227f. Tese (Doutorado em Geografia) – Departamento de Geografia, Universidade de Turku, 2010.

KIRCHNER, Renato. Da analítica existencial à ontologia fundamental. **Sofia,** v. XII, n. 17 e 18, p. 157-188, 2007.

LEY, David; SAMUEL, Marwyn S. **Humanistic geography:** prospects and problems. Chicago: Maaroufa Press, 1978.

LEY, David. Fragmentations, coerence, and limits to theory in human geography. *In:* KOBAYASHI, Audrey; MACKENZIE, Suzanne (org.). **Remaking human geography.** Boston Unwin Hyman, 1989.

LIMA, Elias Lopes de. **Encruzilhadas geográficas:** notas sobre a compreensão do sujeito na teoria social. Rio de Janeiro: Consequência, 2014.

LUCUS a non lucendo. *In:* ENCYCLOPEDIA.COM, [ca. 2023]. Disponível em: https://www.encyclopedia.com/humanities/dictionaries-thesauruses-pictures--and-press-releases/lucus-non-lucendo. Acesso em: 23 dez. 2023.

MARANDOLA Jr., Eduardo. Arqueologia fenómenológica: em busca da experiência. **Terra Livre**, São Paulo, v. 2, n. 25, p. 67-79, 2005a.

MARANDOLA Jr., Eduardo. Da existência e da experiência: origens de um pensar e de um fazer. **Cadernos de Geografia**, Belo Horizonte, v. 15, n. 24, p. 49-67, 2005b.

MARANDOLA Jr., Eduardo. **Fenomenologia do ser-situado:** crônicas de um verão tropical urbano. SP: Editora Unesp, 2021.

MARANDOLA Jr., Eduardo. Fenomenologia e Pós-Fenomenologia: Alternativas e projeções do fazer geográfico humanista na geografia contemporânea. **Geograficidade**, RJ, v.3, n. 2, Inverno 2013.

MARANDOLA Jr., Eduardo. **Habitar em risco:** mobilidade e vulnerabilidade na experiência metropolitana. 2008. 278f. Tese (Doutorado em Geografia). Universidade Estadual de Campinas, Instituto de Geociências, 2008.

MARANDOLA Jr., Eduardo. **Habitar em risco:** mobilidade e vulnerabilidade na experiência metropolitana. SP: Blucher, 2014a.

MARANDOLA Jr., Eduardo. Heidegger como matriz do pensamento fenomenológico em Geografia. *In:* **II Encontro Nacional de História do Pensamento Geográfico** – ENHPG, 2, 2009, São Paulo. Anais... São Paulo, 2009.

MARANDOLA Jr., Eduardo. Heidegger e o pensamento fenomenológico em Geografia: sobre os modos geográficos de existência. **Geografia**, Rio Claro, v. 37, p. 81-94, jan./abr. 2012.

MARANDOLA Jr., Eduardo. Humanismo e a   abordagem cultural em Geografia. **GEOGRAFIA,** Rio Claro, v. 30, n. 3, p. 393-419, set./dez. 2005c.

MARANDOLA Jr., Eduardo. Identidade e autenticidade dos lugares dos lugares: o pensamento de Heidegger em Place and Placelessness, de Edward Relph. *In:* XVI Encontro Nacional de Geógrafos – ENG, 16, 2010, Porto Alegre. **Anais [...]** Porto Alegre: AGB, 2010.

MARANDOLA Jr., Eduardo. Identidade e autenticidade dos lugares dos lugares: o pensamento de Heidegger em Place and Placelessness, de Edward Relph. **Geografia**, Rio Claro, v. 41, n. 01, p. 05-15, jan./abr. 2016.

MARANDOLA Jr., Eduardo. **"Londrinas" invisíveis:** percorrendo cidades imaginárias. 2003. Trabalho de conclusão de curso. 242f. Monografia (Bacharelado em Geografia). Universidade Estadual de Londrina, 2003.

MARANDOLA Jr., Eduardo. Na fissura do presente. **Geograficidade**, v. 10, n. Especial, outono, p. 48-72, 2020.

MARANDOLA Jr., Eduardo. Prefácio. *In:* DARDEL, Eric. **O Homem e a Terra:** natureza da realidade geográfica. São Paulo: Editora Perspectiva, 2011.

MARANDOLA Jr., Eduardo. Sobre ontologias. *In:* MARANDOLA Jr., Eduardo. **Qual o espaço do lugar?**: geografia, epistemologia, fenomenologia. São Paulo: Perspectiva, 2014b. p. XIII-XVII.

MARANDOLA Jr., Eduardo. Lugar Enquanto Circunstancialidade. *In:* MARANDOLA Jr., Eduardo. **Qual o espaço do lugar?**: geografia, epistemologia, fenomenologia. São Paulo: Perspectiva, 2014c. p. 227-248.

MELLO, João Baptista Ferreira de. Descortinando e (re)pensando categorias espaciais com base na obra de Yi-fu Tuan. *In:* CORRÊA, Roberto L.; ROSENDAHL, Zeny (org.) **Matrizes da Geografia Cultural.** Rio de Janeiro: EdUERJ, 2001, p. 87-101.

MELLO, João Baptista Ferreira de. Valores em Geografia e o Dinamismo do Mundo Vivido na obra de Anne Buttimer. **Espaço e Cultura**, UERJ, Rio de Janeiro, n. 19-20, p. 33-40, jan./dez. 2005.

MOREIRA, Ruy. **Geografia e práxis:** a presença do espaço na teoria e na prática geográfica. São Paulo: Contexto, 2012.

NOGUEIRA, Amélia Regina Batista. A Geografia e a experiência do mundo. *In:* BOMFIM, Paulo Roberto Albuquerque; SOUSA NETO, Manoel Fernandes de (org.) **Geografia e pensamento geográfico no Brasil**. São Paulo: Annablume, 2010, p. 219-226.

NOGUEIRA, Amélia Regina Batista. Uma interpretação fenomenológica em geografia. *In:* DANTAS, Aldo; GALEANO, Alex (org.). **Geografia:** ciência do complexus: ensaios transdisciplinares. 2. ed. Porto Alegre: Sulina, 2008.

NOGUEIRA, Laelia Regina Batista. Arquitetura Vernacular e Paisagem Amazônica: um caminho na busca pelo habitar poético. **Revista Gestáltica-Phenomenology Studies,** v. XXI, n. 2, p. 171-180, 2016.

PÁDUA, Letícia Carolina Teixeira. **A geografia de Yi-Fu Tuan:** essências e permanências. 2013. 206f. Tese (Doutorado em Geografia). Pós-Graduação em Geografia Física, Universidade de São Paulo, 2013.

PEDROSA, Breno Viotto. A Geografia Crítica Brasileira e o Debate Sobre Ontologia do Espaço: Uma Aproximação. **Geografares**, Vitória, n. 11, p. 139-168, 2012.

PICKLES, John. **Phenomenology, science and geography**: spatiality and the human sciences. Cambridge: Cambridge University Press, 1985.

PINCHEMEL, Philippie. Biografia de Eric Dardel. *In:* DARDEL, Eric. **O Homem e a Terra: natureza da realidade geográfica.** São Paulo: Editora Perspectiva, 2011.

REIS, Deyvid Fernando. **O sentido de lugar para os catadores-carrinheiros em Londrina (PR).** 2010. 83f. Trabalho de Conclusão de Curso (Graduação em Geografia) – Universidade Estadual de Londrina, Londrina, 2010.

REIS, Luis Carlos Tosta dos; SANTOS, Josimar Monteiro; SILVA; Akylla Cozer Chiabai. Geografia em bases ontológico-existenciais através da fenomenologia--hermenêutica de Heidegger: o significado do existencial *ser-em*. **Geografares,** Vitória, v.1, n. 33, p. 33-59, 2021.

REIS, Luís Carlos Tosta dos. Ontologia da Produção do espaço na Geografia: uma abordagem do tema através do diálogo entre Milton Santos e Heidegger sobre a técnica. **Geografares,** Vitória n. 13, p. 01-39, dez. 2012.

REIS, Luís Carlos Tosta dos. Ontologia do espaço e movimento de renovação crítica da geografia: o desafio da diferença ontológica. **Geografares,** Vitória, n. 7, p. 111-122, dez. 2009.

REIS, Luis Carlos Tosta dos; SANTOS, Josimar Monteiro. O Resgate da Investigação Ontológica na Geografia através da Fenomenologia-Hermenêutica de Martin Heidegger. **ParaOnde!?,** Porto Alegre, v. 12, n. 1, p. 173-190, 2019.

REIS, Luis Carlos Tosta dos; SANTOS, Josimar Monteiro. O Resgate da Investigação Ontológica na Geografia através da Fenomenologia-Hermenêutica de Martin Heidegger. **ParaOnde!?,** Porto Alegre, v.1 2, n. 1, p. 173-190, 2019.

REIS, Luis Carlos Tosta dos; SANTOS, Josimar Monteiro; SILVA; Akylla Cozer Chiabai. Geografia em bases ontológico-existenciais através da fenomenologia--hermenêutica de Heidegger: o significado do existencial *ser-em*. **Geografares,** Vitória, v.1, n. 33, p. 33-59, 2021.

REIS, Róbson Ramo dos. **Aspectos da modalidade:** a noção de possibilidade na fenomenologia hermenêutica. RJ: Via Véritas, 2014.

RELPH, Edward. **Rational Landscapes and Humanist Geography.** New York, USA: Routledge, 1981.

RICOEUR, Paul. **Na escola da fenomenologia.** RJ: Vozes, 2009.

SANTOS, Josimar Monteiro; REIS, Luis Carlos Tosta dos. O Horizonte humanista na Geografia e a fenomenologia: o problema da fenomenologia geográfica. *In:*

GOMES, Ingrid Aparecida. **A produção do conhecimento geográfico 3.** Ponta Grossa, PR: Atena Editora, 2018. p. 44-52.

SANTOS, Josimar Monteiro; REIS, Luis Carlos Tosta dos. O problema da interpretação humanista do pensamento de Martin Heidegger na geografia humanista brasileira. **Boletim Campineiro de Geografia,** v. 9, n. 1, p. 21-32, 2019.

SARAMAGO, Ligia. **A "topologia do ser":** lugar espaço e linguagem no pensamento de Martin Heidegger. Rio de Janeiro: Ed. PUC-Rio; São Paulo: Loyola, 2008.

SCHMIDT, Lawrence K. **Hermenêutica.** 3. ed. Petrópolis RJ: Vozes 2014.

SERPA, Angelo. Fenomenologia transcendental como fundamento de uma fenomenologia da paisagem: notas sobre um exercício prático de redução fenomenológica. **Geograficidade,** v. 6, n. 1, p. 18-30. 2016.

SILVA, Aldo Dantas da. **Geografia e existência:** uma análise a partir de Ser e Tempo de Martin Heidegger. 100f. Tese (professor titular). Universidade Federal do Rio Grande do Norte, 2018.

SOKOLOWSKI, Robert. **Introdução à fenomenologia.** 3. ed. São Paulo: Edições Loyola, 2012.

ZAHAVI, Dan. **A fenomenologia de Husserl.** Rio de Janeiro: Via Veritas, 2015.